別冊 課外授業 ようこそ先輩

ふるさとって何ですか

矢口高雄

NHK「課外授業 ようこそ先輩」制作グループ＋KTC中央出版［編］

KTC中央出版

子どもたちに見せた矢口さんの原画（上の4点）

矢口高雄　ふるさとって何ですか

もくじ

冬

物語の始まり

東京へ向かう車窓風景

1　ふるさとに戻って

東京へ行くことは、ふるさととの訣別《けっべつ》だった。雪はこの地にあって生活を辛くする象徴であった。雪は、寒くて辛くて、冷たくて疎《うと》ましい。人の心も村も閉ざす。雪が美しいのは、貧困、重労働、因習、差別、それらに耐える哀しさを一面に降り積もらせるからだ。東京へ出ていくことは、この雪との訣別だった。

しかし、それほどまでに疎ましかったその雪が、心の底から懐かしくそして美しく見え始めたとき、その雪降る光景が、本当の自分に気づかせてくれることになる。このふるさとの雪は、自分の原郷《げんきょう》――。

今、その土地に猛烈に降り注ぐ雪の景色がテレビの映像に映し出される。都会に生まれ、都会に育った者でさえ、心疼《うず》かずにおかない壮絶な光景である。この土地もこの雪も知らない都会育ちには、美しいふるさとは感傷的で幻影（イリュージョン）であるのかもしれない。だがしかし、だれもが心疼くとしたら、だれもが心のうちにこの「原郷」を生まれながらに持っているような気がしてならない。

この吹雪の映像は、「NHK課外授業ようこそ先輩」の一シーンである。ここに登場する主人公は、マンガ『釣りキチ三平』の作者、マンガ家の矢口高雄さんである。

そして、この物語には、もう一人の主人公、いや七人の小学生たちが登場する。


矢口さんのふるさとは、秋田県平鹿《ひらか》郡増田《ますだ》町狙半内《さるはんない》字《あざ》中村。日本有数の雪深い山里である。冬季には三メートルの積雪がある。増田町の中心部から二〇キロほど奥羽山脈の山中にわけ入った村落だ。村には雄物《おもの》川の支流から枝流になった狙半内川が流れていて、矢口さんのマンガを知っている人はすぐに思い描くことができる、かつてはイワナ釣りのできた源流部だ。

矢口さんのエッセイによると、故郷の狙半内川は「イワナ域」と呼べる地域だそうだ。


川には様々《さまざま》の魚が棲《す》んでいるわけだが、ただ漫然と雑居しているわけではない。それぞれがその習性や機能に応じて棲み分けしているのである。強い瀬をエサ場にする魚もいれば、深い淵やよどみを好む種類もいる。そして最も顕著なのは水温である。それぞれの魚には好む水温、つまり適水温があって、冷たい水を好む魚は上流、逆に温《ぬる》い水を好む魚は下流部といった具合である。

イワナ域とは、その最も水温の低い、つまり最上流部にあたる。イワナはもともと北氷洋に棲む冷水性の魚だったという。ところが地球全体が冷えはじめた。氷河期が訪れたのである。当然それまでは温かかった南の海も冷えだしたので、日本近海にもやって来た。彼らは海の魚ではあったが、産卵時には川（淡水）に遡《さかのぼ》る習性があった。だから日本近海にやって来たイワナたちは、その時期になるとさかんに日本の川に遡上《そじょう》し、卵を産んではしだいに種を継いだ。ところが、しだいに地球の温度が昇りはじめた。氷河期が終わったのである。イワナたちは冷水を求めて北氷洋に帰ろうとした。しかし、海水温が高くてとても帰れない。その結果、わずかのイワナたちが日本の河川に残されることとなり、しかもその川のなかでも水温の低い上流部から源流部へ逃れて、今日まで営々とその生命をつないできたというのである。

それを生物学用語で「陸封《りくふう》」というわけだが、同時にイワナ域といえば水温の低い最上流部を意味するわけで、ボクの村がいかに山奥であるかおわかりいただけよう。もちろん子どものボクに、陸封だのイワナ域などというメカニズムがわかるわけはない。ただ、村を流れる川の一番大物はイワナであり、次がヤマメ、そしてクチボソ、ぐっと小型になってアブラハヤ、どん尻がカジカといった程度の認識しかなく、いま考えるとずいぶん魚種の少ない川ではあるが、他の川や下流域のことなどまったく知らなかったので、そんな疑問すら持つことはなかった。

（矢口高雄『ボクの学校は山と川』白水社、一九八七年、84〜85ページ）

このイワナ域の地、増田町狙半内《さるはんない》にある矢口さんの母校（統合されて増田東小学校）の六年生七人と、NHK総合テレビ番組「課外授業ようこそ先輩」で「ふるさと」をテーマに授業が行われることになり、今、矢口さんはこのふるさとに戻ってきた。

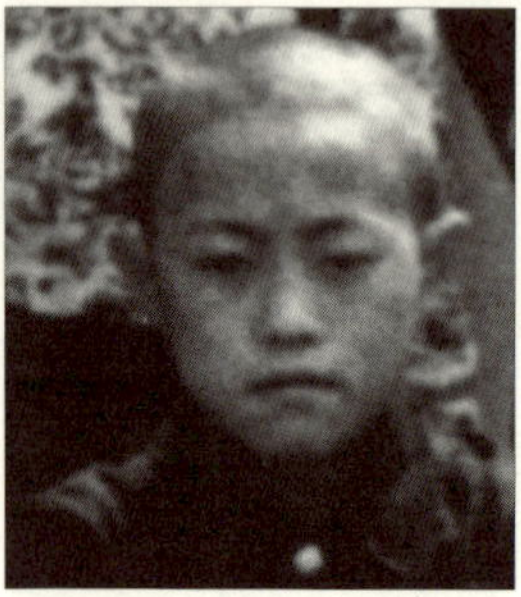
小学校六年生のとき

この物語の始まりは、深まりゆく秋の季節だった。舞台となる村の小学校は、翌年春には廃校となって、町の小学校に統合されることが決まっていた。物語は、この村の学校の閉校までの半年間に繰り広げられる。矢口さんの本当の母校は西成瀬村立小栗山《こぐりやま》小学校といったが、上畑《かみはた》小学校と統合されて、現在の地に増田東小学校ができた。この秋の全校児童は四〇人である。

矢口高雄さんは、一九三九（昭和一四）年に、この地に生まれた。「釣り少年」「昆虫少年」そして「漫画少年」という、忙しい少年期をその地で過ごした。

村のほとんどが農家であった土地で、しかも矢口さんは家督《かとく》を継ぐべき長男だったが、家からも村からも離れる決意をする。高校卒業後、秋田県の銀行に就職し、銀行員として一二年間勤める。その間もマンガ熱は醒《さ》めるどころか、プロのマンガ家志望の気持ちが強くなるばかりであった。

マンガ家になりたかった動機は、もちろんマンガ好きが高じただけのものではなかった。

「とにかく冬になると雪が多くて。雪は都会の人にとってはきれいだとか、スキーができるからいいと言う人もいるが、雪国で生まれて、そこで暮らす人にとっては、雪なんてものは、あんなに疎《うと》ましいものはないんですよ。雪下ろしなんていう徒労もつきまとうわけですから。ここからなんとか逃れたいということが、マンガ家になって、雪のない所、都会に行けば雪から逃れられるな、という計算のようなものがありました」

と、矢口さんは語っている。そして、銀行員として勤めながら、村の生活をテーマにした作品をコツコツと描きためていた。

――「ガロ」に投稿した作品の中で「狐の住む里」というのがあるんですけども、実に青臭い。しかし、それが当時のぼくの精いっぱいだったんだけれども、ほんとに青臭い理屈をかかげながら描いてるよね。雪が人間の言語さえ奪ってしまうというような痛烈な描き方をしてるよね。「それが、ズーズー弁である」というようなね。

それ以上に、同じ地域に生活しているという連帯感さえ奪ってしまう。その証拠に秋田弁で「かまをけす」という言い方があるけれども、「かまどをひっくりかえして」ということは破産するっていうか、身上を潰すっていう意味だよね。それで、どっかへ落ち延びて行ってくれればいいなあなんて思ってる村人は、ぼくの子どものころは、そういう人たちが多くいたのね。自分だけよければいいっていうような考え方なんでしょうね。

そういうものはみんな、あの雪によってもたらされたものであるという、ずばり切って捨ててたのね。だから、キツネつきで「息子が自分のおふくろを殺してしまう」っていう古い因習に彩られたドラマを描いたんですけど。

そして、描きためた作品をマンガ誌「ガロ」に投稿し、入選して掲載されたのが「長持唄考《ながもちうたこう》」であった。

――やっぱりデビュー作の「長持唄考」にしても、すべてふるさとに対する恨みつらみみたいなものから発してるよね。ふるさとに対するというよりも、ふるさとの古い因習やしがらみだね。そういうもの。あるいは農村社会、村社会っていうものの成り立ちみたいなものに対して、若いぼくは義憤《ぎふん》を感じていたっていうことだよね。

舞台は昭和二十年代の東北の貧しい山村。母の不注意だった。いや、必ずしも母を責めることはできないだろう。当時の農家の嫁は本当に忙しく、朝早くから夜遅くまで働かされていた。だから、つい仕事に夢中になって、背後にけたたましい悲鳴を聞いた時には既に遅かった。やっと這《は》いずりまわる程に成長していたわが娘が、囲炉裏《いろり》の炎の中に頭から突きささっていたのである。

娘は、生命に別状はなく、やがて成長し、本来は小学校一年生になるはずであった。しかし頭から顔半分がいつも白い包帯に覆われていた。ひどい火傷の跡があり、それを包帯で隠していたのである。

そんなある日、隣家に〝嫁やり〟があった。高島田《たかしまだ》に打掛《うちか》け姿もあでやかな花嫁さん。その後には七棹《さお》八棹の箪笥《たんす》と長持。美声の長老が朗々と唄う「長持唄」。

蝶よ花よと
ハア　ヤレヤレー
育てた娘　今日はナーヨォ
他人の　親手に渡す
ナァーエ

路の両側には花嫁の晴れ姿を一目見ようと村人《むらびと》たちの人垣である。その人垣の中に包帯姿のいたいけな娘もいる。と、突如その娘の腕が引っ張られた。引っ張ったのは母だった。母は花嫁を見たがる娘を引きずりながら家の中へ入るや、ヒシとわが娘を抱きしめるのだった。

実家に里帰りすると言って、母が娘を連れて出発したのは、それから二、三日後のことだった。母の実家は山を越えた隣り村であった。母と娘は手をつないで山道を登った。急な坂道にさしかかった。二人はハアハアと息を切らし、汗だくで登った。ここを登り切れば頂上である。そして後は一気に下り坂で母の村となる。

登りつめた頂上は、うっそうたる杉木立ちだった。そして昼なお暗いその樹間の奥にひっそりと神社がたたずんでいた。

「少しくたびれた。ここでちょっと休んでいくべ」

母の言葉にうながされて娘は、わずかばかりの境内に張り出した老木の根に腰をおろした。母も娘も汗だくだった。特に娘の汗はひどく、いつも覆われている包帯の下がかゆくなり、何度も隙間から指をこじ入れた。

「どれ、そんなにかゆいんなら、包帯とってやるべ」

母のその言葉に振り返った娘は、反射的に後ずさりした。母の顔は、それまで一度として見たことのない夜叉《やしゃ》のような顔に変わっていたからである。

「アバ（母さん）どうしたただその顔。こわーい‼」

娘は本能的に逃げ出した。

「ちょっと待って。ちょっと顔を見るだけだ」

母が追う。

娘が逃げる。

しかし大人と子どもの足だった。

こんな二人の一部始終を見ていたのは、老木の穴にひそむ一羽のフクロウだけだった。

ひとしきり樹間にもつれ合う物音と悲痛なうめき声の後は、何事もなかったような静寂だった。

やがて静寂のなかにかすかな嗚咽《おえつ》がもれた。

「許してけれ、許してけれ」

母はうつろな眼で空虚を見つめていた。そして、その懐には娘が抱きしめられていた。だが娘は、動くことも息をすることもなかった。絞殺されていたのである。

（矢口高雄『ボクの先生は山と川』白水社、一九八八年、95〜98ページ）


一九七〇（昭和四五）年、矢口さんは一大決心をして銀行を辞め、プロデビューすべく上京する。三〇歳で、妻と二人の娘を郷里に残しての単身東京行きだった。継ぐべき土地の家からサラリーマンとしては当時最も安定した銀行員への転職の決意も大きなものだが、さらにそれを捨てての東京行きは、十分に周囲に無謀を示して余りあるものだった。東京の六畳一間の一人暮らしの地名が、大田区矢口で、それがペンネームの姓となった。

銀行を辞めなければよかった——その六畳一間で、決心への後悔と、天井が落ちてくるような重圧感に、布団をかぶって泣いたこともあった。そんななかで描いたのが、郷里での「釣り少年」のことだった。描いたのは「鮎《あゆ》」。それが全七六巻まで描きあげる『釣りキチ三平』の原形である。

矢口さんは、この番組のインタビューで語っている。

――でも東京に行って、マンガ家になって初めて正月を迎えたときに、何とも心の落ち着かない、心の休まらないような自分を発見したんです。外を見れば、バスやトラックや自動車が砂《すな》埃《ほこり》を上げて走ってる。そういうところで、雪のない正月。「ざまーみやがれ」と言うぼくがいたんだけど、テレビでふるさとの雪便りみたいなのをやってると、いつの間にか涙ぐんでいるような自分がいるんですよね。そういうときに、「あっ、やっぱりぼくは雪の中から生まれてきた人間なんだな」ということを初めて思ったんです。

そうすると、あれほど恨み呪っていた雪というものが、ものすごく美しいものに見えてきたんです。望郷の念とかそんなものではなくて、そこには、たくましい先祖の生活の知恵まで浮かび上がってくるんです。ぼくがふるさとを自分のライフワークのようなテーマにしようと思ったきっかけはそこにあるんです。

これをきっかけに、その後の矢口さんはプロマンガ家としての成功の道を見事に歩み始める。

一九七〇（昭和四五）年、「週刊少年サンデー」で前記の「鮎」発表。七三（昭和四八）年、

「週刊少年マガジン」に「釣りキチ三平」の連載開始。たちまち大ヒットとなった。「幻の怪蛇・バチヘビ」は、全国に一大ツチノコブームを巻き起こした。七四（昭和四九）年、第五回講談社出版文化賞（児童マンガ部門）受賞。七六（昭和五一）年、「マタギ」で第五回日本漫画家協会賞グランプリを受賞。このようにして、少年のころからのマンガ家になる夢を見事に成就したのだった。

東京へ出てからは、初期の重い内容から作風は変わった。「プロとなって雪の美しさを知ってからというものは、そういうことにさえも愛情をうんと注いでいく自分がいるんだね。それで、がんばれ、がんばれ、ふるさとがんばれ。もっともっと文化的に便利になって豊かになってくれって言っている自分がいるんだねえ」と矢口さんは言う。

このふるさとのテーマが、全国の読者に受け入れられることになった。

――マンガの世界では、人気がある作品を描かなければ食っていけないという第一関門があり、またそれが最大の門でもあるわけです。その点でいくと、実はマンガのキャラクターは一つの強力な存在を際立たせた側面を描くというのが、少年マンガのスタンダードな表現の仕方なんですよ。つまりそのキャラクターが、恋する存在であるとか、あるいは戦う存在であるとか、あるいは何かを切り拓いていく存在であるというようなものです。

しかし、そういうなかでぼくがふるさとを描けば、当然のことながら秋田のこんな山あいの小さな農村に住んでいる人々、それはある意味、農民のドラマになるわけです。

でも、農民というのは、若い女性から、「素敵だよ」と顧みられる職業では必ずしもない。やっぱり、辛くて、きつくて、汚いというイメージで捉えられると思うんです。ですからマンガのテーマとしては、ものすごくマイナス面が多いんです。でもぼくはあえてそこをやっていこうと思った。ふるさとをテーマにするにはやっぱりそこは避けて通れないし。

女の子が好むドラマというのは、今も昔も変わらないと思います。少女マンガの世界で、あんまり生活臭をにおわせた作品を描くと絶対にウケないっていうものがある。やっぱり純粋な少女たちの心というのは、例えばすごく貧しいところの娘さんがいて、いじわるな人にいじめられながら、白馬に乗った王子様が来るのを待っている、というような。

けど、ぼくのマンガはどうしても生活臭がビンビンに漂わざるを得ないんです。そういうリスクを負いながらも、ぼくはずっとふるさとを追求してきたということかもしれません。そうこうしていて、マンガ家生活が三〇年以上になりましたから、かなり粘り強いことですよ。

狙半内をテーマにしたドラマをつくると、登場する人はほとんどが農民なんだよね。農民っていうのは、今でもそういう価値観があるんだけども、やっぱり、ダサくて、鈍重で、自分を表現する言葉も持たない。あるいは、汚いとか、辛いとか、重労働だっていうイメージで、やっぱり若い人、特に若い女性からは敬遠される職業でもあるわけですよね。

そういう人を主人公にしてドラマをつくったって、それは決して人気作品たりえないだろうということは、描く前からわかっていたんだけれども、それでも、ぼくは描かなければならないっていう気持ちになってましたね。そういうリスクを負ってでも表現したかったっていうことは、ぼくのふるさとはたしかに貧しくて、山の中で不便で不自由で、さまざまな古い因習に縛られた土地柄なんだけど、やっぱりそんななかでも、今日より明日、明日より明後日、豊かになろう、幸せになろうと一生懸命な村人たちがいるわけだから。

そういう人たちの泣き笑い人生っていうものを、ぜひ見てほしいという気持ちがあったんですね。若者から、特に若い女性から嫌われる農民をテーマにしたドラマっていうのを、どうしても描きたいなって思ったし、それがぼくの原点であったしね。

でも、やっぱり、そういうことっていうのは、働くこと、食うこと、生きること、愛しあうこと、そういうことが我々人間のごく自然なふつうの行いなんだ、というようなマンガ作品になったわけですね。

いわゆる人間が生きていること自体のトータリティーを描くということ、これは一九七〇年代の日本マンガが到達した一つのジャンルだったわけです。こういうことが日本のマンガをどんどん幅広く発展させた原因になったと思うんです。ぼくの「農村モノ」っていうのはそういうエポックメーキングであったろうし。それから、雪っていうものをこんなに美しく描くこともそれまではなかっただろうと思います。

二〇〇二年から、『釣りキチ三平』の平成版が刊行され始めた。矢口さんは本書に収載したインタビューで、ふるさとはノスタルジーだけではなく、自分の傲慢さを正してくれ、裸の自分を見つめさせてくれるところだと語っている。

†

今、狙半内《さるはんない》の小学生の通学には、スクールバスが使われている。少子化が進んでどんどん学校が統廃合されていったために、子どもたちの通学距離が長くなって、徒歩での通学ができなくなったためである。もちろん矢口さんの時代にはバスはなかった。スクールバスは、山あいの道を走って、下校時にはそれぞれの子どもたちの家の近くまで送ってくれる。

スクールバスでの登校

矢口さんの時代の通学では、途中の道草ではときとして生き死にかかわることもあった。崖から落ちたり、マムシを踏んづけてみたり。それから村の子どもたちならだれでも一回は、必ず「うるしかぶれ」を経験した。麻疹《ましん》のようなうるしかぶれをだれもが一回はやって、顔を腫《は》らして四〇度近い熱を出した。そうして免疫をつくってきたのだった。

うるしかぶれは、子どものときに踏まなければならない、体験しなければならない、一つの子どもの通過儀礼なのかもしれなかった。

――スクールバスでスイっと自分の家の入口から学校の入口までドア・ツゥー・ドアで運ばれることになると、子どもたちの道草のチャンスというのはほとんどなくなる。そこをもう一度、道草の楽しさや、そこから得られる素晴らしさみたいなものをみんなで考えてみようやというのが、今回のぼくの授業のいちばんのテーマなのかもしれないね。

この課外授業で子どもたちにしてもらう課題は、「カルタづくり」と決まった。学校が閉校になることもあって、六年間の思い出とふるさとのことをテーマとする。それで、矢口さんはふるさとの実家で、まず自分でカルタの絵を描いてみた。それは、「みのぼっち」をかぶった少年の絵になった。

矢口さんがカルタをつくるなら、例えば、

「みのぼっち　かぶって登校　雪の朝」

と読み札をつくり、その絵を描く。

――わたしの子どものころは、こういう藁《わら》製品をかぶって雪の日には登校したもんだよ。わたしがカルタをつくるんだったら、「みのぼっちの思い出」などを選びます。今の子どもたちはみのぼっちなんてかぶらないのだから、これに代わるような何かをやってみるのも面白いんじゃないですか。

冬はみんな藁靴《わらぐつ》を履いてね。帰ってくると、汗や解けた雪で、藁靴はグショグショに濡れてるんだよね。家の囲炉裏《いろり》の上には、「火棚《ひだな》」というのが必ずかかっているんです。そうすると、濡れた藁靴を二つ持って、ボンボンと雪を払って、麻糸をひっかけるのがついてるんで、それをチョンと火棚にかけておくとね、囲炉裏の火で煤《すす》だらけにもなるけれども、こんがりと乾いてね。それで次の朝は暖かい藁靴を履いてちゃんと登校できるわけ。

そんなイメージがあるんだけれども。そういう思い出とかでやってもいいんだな。

この物語を矢口さんとともにつくっていく小学六年生たちは、自分のふるさとのことをどう思っているのだろう、と、矢口さんは想像してみた。

――やっぱり若者は絶対に都会に夢を持っているんじゃないかと思う。その都会というのは何かということになれば、東京とか、大阪ということを言ってるんじゃない。

例えば、スキーというのはもともとは軍隊の道具だったり、狩の道具だったり、あるいは冬山の男の雄壮なスポーツとして生まれたと思うんですね。しかし、今日ゲレンデに行けば、若い女性だらけじゃないですか。あそこにはきっと「恋の花園」があるんだろう。だから集まるんです。

ところが、釣りの世界にはあんまり女の人がいない。釣り場は、「恋の花園」たりえないね。まったく別の意志を持った魚を相手に戦うわけですので、彼は魚を釣ることに一生懸命になって、きっと彼女をやさしくいたわらない。だから釣りは「恋の花園」たりえないんだね。

いつも若者が求めているものは、「恋の花園」じゃないかしら。都会はそういう面で若者をシビレさすような妖しげな「恋の花園」で、そこに惹《ひ》かれるんだと思うんですけど。

だからぼくの村に生まれ育った人も、一度はその花園を訪れてみたいという気持ちを持ってるんじゃないかな。

ぼくが初めて東京に行ったのは、中学一年生の冬休みでした。そのときはそんなに強い憧れを持っていたわけではない。やっぱり東北人の言葉に対するコンプレックス、東北弁でしゃべっていて、にわかに標準語には直せないわけです。そんな自分がいるわけですから、かなり引っ込み思案が生まれます。だから、相当あとになってからのことです。

今はテレビの時代ですから、居ながらにして世界中がライブのように見られる時代になったから、きっと「恋の花園」は必ずしも都会ではなくて、その人の感性に応じて、世界中が「恋の花園」として考えられる時代になった。でもぼくらの時代は、「ああ、上野駅！」の時代だったわけですから。

明日、授業をする子どもたちは、こちらが授業を盛り上げるために質問しても、それに対して積極的に答えてくれるのか、子どもといっしょになって授業をつくっていけるかどうかというのを心配しています。都会の子たちとは言わないけれど、何本か課外授業の前の番組を見せてもらったら、本当に活発にさまざまな発言をして盛り上げていってますね。それに対して、おらが村のぼくの後輩たちはどうかなと。そこが不安でもあり、楽しみでもある。

今はテレビで共通語や方言が自在に出てくる時代ですから、若い人たち、大半の人がなまりはとれなくてもしゃべれるとは思うんですけどね。

ぼくらのころは、方言以外はしゃべれないっていう大人がずいぶんいました。また、自分の名前程度しか書けなくて、新聞も読めないお年寄りもけっこう多かったです。

今の子どもたちってどうなんだろうね。でも、そういう静かな授業になったとしても、その子どもたちが一つ一つ世の中を知って、自信を得ていくことが大切だと思いますね。

ぼくらのころは、中学を卒業すると、中学生は金の卵で、集団就職で東京方面へ行ったわけですよ。そこで関西や九州や沖縄や北海道から出てきた同じような境遇の人たちと会うわけです。そうすると初めて、「なんだ、君たちもこんなことで悩んでいたのか」「こんなことをコンプレックスに思っていたのか」っていう共通項が見つかって、「同じ日本人だものな」という連帯意識が生まれてくるんです。そこから自信が高まっていくんですよね。

たとえ静かな授業になったとしても、この授業をやった思い出や体験でこれから雄々しくなってくれればそれで成功かなと思うんですね。

秋

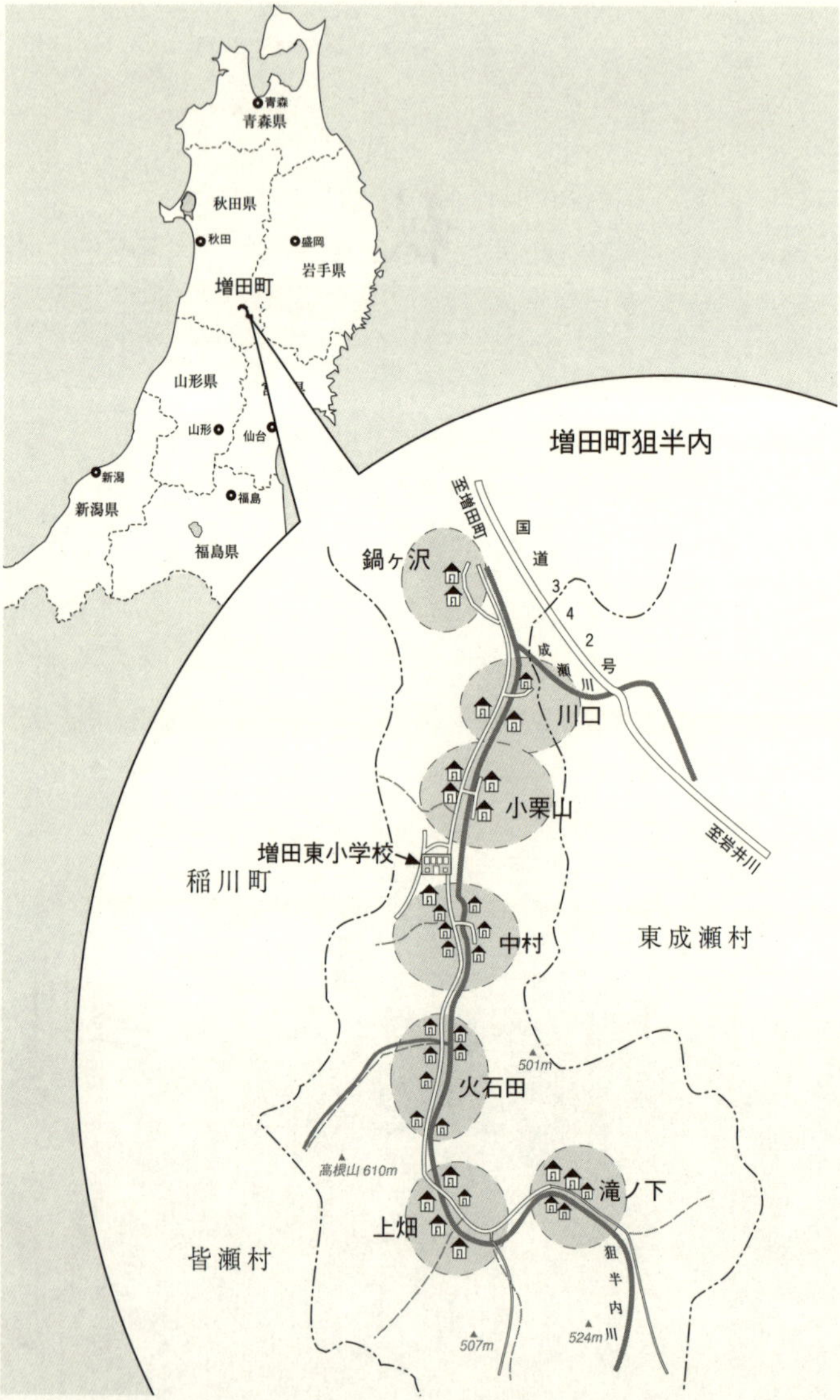
青森
青森県
秋田県
秋田
盛岡
岩手県
増田町
山形県
山形
仙台
新潟
新潟県
福島
福島県
増田町狙半内
至増田町
国道342号
成瀬川
鍋ヶ沢
川口
小栗山
増田東小学校
稲川町
中村
東成瀬村
501m
火石田
高根山 610m
滝ノ下
上畑
皆瀬村
狙半内川
507m
524m
至岩井川

2　ふるさとの母校の後輩たちと会う

翌朝、矢口さんは、ふるさとの母校小学校での初めての授業に向かった。
増田《ますだ》町立増田東小学校。全校児童四〇人の小さな小学校は、平成一四年三月に廃校になることが決まっている。

矢口さんは、学校へ向かって歩きながら話してくれた。この道のあたりは、当時はリンゴ畑だったそうである。「ぼくらが小学校のころは、あの火《ひ》の見櫓《みやぐら》の向かいが校舎だったんです」と指さした。

「今はバイパスになっちゃってるからね。このあたりはずーっと舗装《ほそう》もされていない砂利《じゃり》道《みち》の狭い林道でね。それまでは車なんか一台も入ってくることはなかったんだけれども、初めてトラックが入ってきたことがあった。

なんのことはない、この村の材木を伐《き》り倒して関東方面の戦災の復興材にあてようとしたんだ。連日トラックがここに入ってきて、伐った材木を運んでいった。そのとき初めてぼくらはトラックというのを見てね。今、排気《はいき》ガスなんていうのはすごく嫌われているんだけれども、トラックを初めて見た山の子のぼくらにとっては、あの排気ガスの臭いが文明の芳香のように思えたものでした。わざわざ追いかけていって、あのガソリンの燃えた臭いを嗅《か》いだもんです。のどかだったんだね」

あたりは、もうすっかり秋も深まっている。学校が近づいてきた。矢口さんは、以前からもしばしばふるさとに戻ってきている。学校前にある石碑《せきひ》の「増田東小学校」の字は、実は矢口さんが書いたものだ。統廃合されてできた小学校が来春には廃校になってしまうほど、過疎化《かそか》が進んでいるということである。

「どんどん少子化時代になって、とうとう廃校ということですけれども、卒業生としてはやっぱり自分の母校がなくなるというのは、複雑で寂しい気持ちはします。今回の授業が学校の見納めになるかと思います。でも、いい思い出になるでしょう」

矢口さんは、先輩を待つ後輩たちのいる教室に入った。教室では七人の六年生が、教壇に向かって凹の形に机を並べて矢口さんを迎えた。矢口さんはまず、黒板に釣りキチ三平の絵と自分の名前を書いた。

——みなさん、こんにちは。矢口高雄です。学校は来年の三月で閉校になるということだし、みなさんにとってはこの小学校六年間の最後になりますね。

この学校にぼくが入学したのが昭和二一年ですから、本当にずーっと昔のことですね。当時は小栗山《こぐりやま》小学校といいました。今もここに来るときにその場所を見てきました。ここから一キロぐらい下った所の火《ひ》の見櫓《みやぐら》の向かい、あそこに小学校がありました。それがこちらのほうに移って、名前も増田東小学校と変わりました。

ぼくはみなさんの先輩で、この学校の卒業生ということになります。廃校は、卒業生として本当に寂しいものです。時代の流れのようなものを感じます。

みなさんは、残された最後の四か月ちょっとぐらい、たくさんのいい思い出をつくって、そして新しい中学生になってください。

矢口さんは、順番に子どもたちの名前を読みあげながら、出身地区をたずねた。それがこの物語に登場する六年生たちである。子どもたちの通学校区は、三地域に及ぶ広範囲にわたっている。

名前を呼ばれた六年生の子どもたちは、阿部匠《たくみ》君、佐々木大地《だいち》君、佐々木雅昭《まさあき》君、高橋優太《ゆうた》君、千葉祥照《よしあき》君、加瀬谷恵美《かせやめぐみ》さん、奥山綾《あや》さんの七人だ。恵美さんと祥照君は、矢口さんと同じ中村の出身だ。

みんなの第一印象、風貌は、一時代昔のような都会と地方との違いなどまったく感じられない。校舎も村の分校という風情ではなく、都会のドーナツ化現象で少人数となった教室と言ってもわからない。

ただ、都会と違うのは、この七人とも三世代同居、つまり小学生のいる家庭というのは、祖父、祖母の時代からこの土地に住んでいるのである。

匠《たくみ》君は、メガネがよく似合っている。電車の運転手になりたいくらい電車が大好きだ。質問されて答えに窮《きゅう》すると、無表情のままじっと沈黙して動じない。クマ、タヌキなどの動物にも興味を持っている。

大地《だいち》君は、カードとテレビゲームが好きだ。この土地に住み続けた

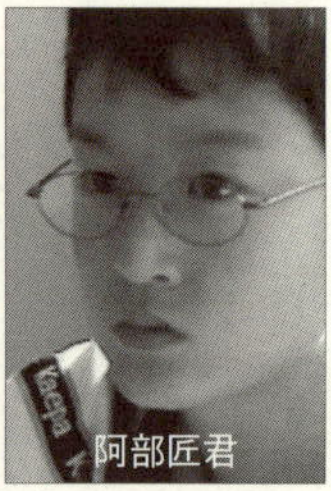
阿部匠君

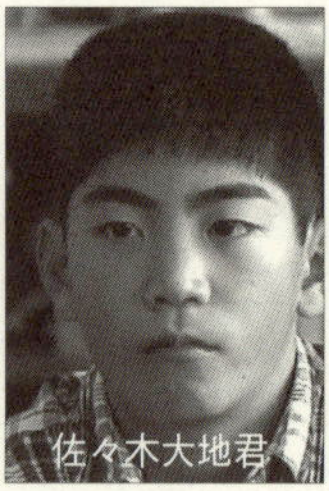
佐々木大地君

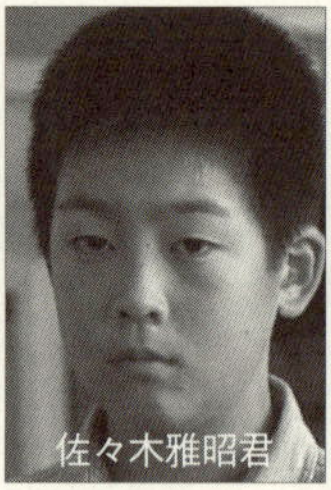
佐々木雅昭君

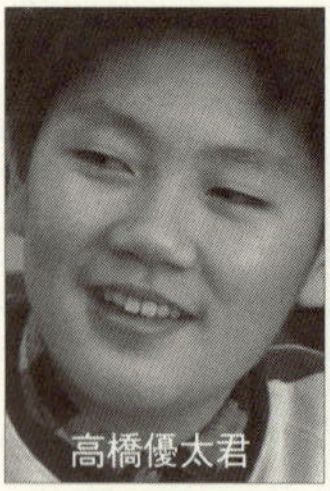
高橋優太君

いと言っているが、外国へも行きたいらしい。お母さんは隣村から、お父さんはこの村の人だ。

雅昭《まさあき》君もゲームが好きだ。男子はみんなゲームをしている。おじいさんはずっとこの狙半内《さるはんない》にいる。昔は川を泳いで帰宅したそうだ。矢口さんの世界とまったく同じだった。

優太《ゆうた》君の家も古い。いつの時代からかわからない古い神社が自分の家にある。お父さんは将来子どもがこの村を出て行っても、その神社だけは遠くにいても守ってほしいと思っている。優太君はスキーが好きだ。一度は、まっすぐ滑ってきて川に落ちたこともある。おじいさんは、今でも、かんじきをつくっている。

優太君が畑仕事をするのは、家のお手伝いではなく「仕事だ」と言った。矢口さんの時代にみんながなりたいと言ったトラックの運転手に優太君もなりたいそうである。

祥照《よしあき》君はマンガが好きだ。動物も大好きで、モモンガを飼っている。一年生のときからずっと水やりを祥照君がやっている。この土地から

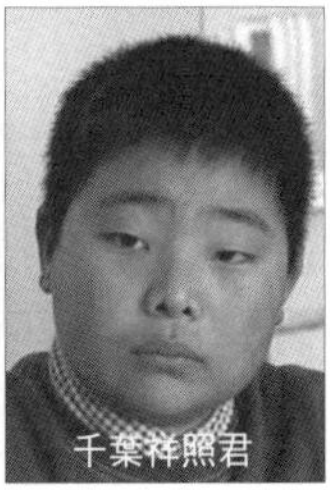
千葉祥照君

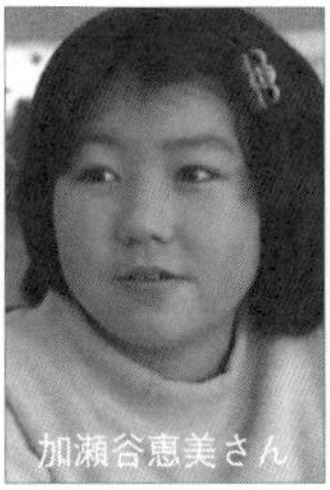
加瀬谷恵美さん

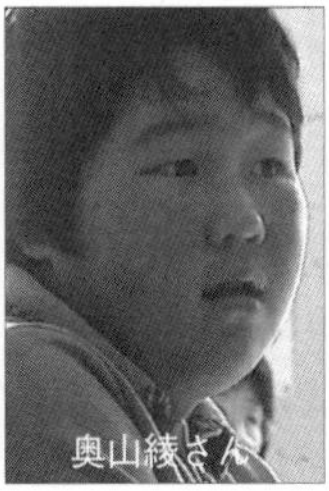
奥山綾さん

矢口高雄さん

出て行ってみたい所は特にないと言いながらも、ガラパゴス諸島でカメとペンギンを見たいと語ってくれた。

恵美《めぐみ》さんは、読書が好きだ。この学級のまとめ役のようだ。質問にもはっきりとした受け答えをする。文章もうまい。祥照君もそうだが、恵美さんも将来はお金持ちにならなくてもいいと言った。

綾《あや》さんは、養護学級で、話すことが得意ではない。植物がとても好きだ。いつもニコニコしている。お母さんによると、卒業したら遠くの養護学校へ行くらしい。お母さんは、できるならずっとこの土地に住ませてあげたいと思っている。


矢口さんは、話の途中で、子どもたちにいろいろ質問を投げかけるのだけれど、矢口さんの心配は的中して、子どもたちからは積極的な発言は出ない。いつもの課外授業なら、テレビに出ている著名人が来れば、大はしゃぎになったりして、人見知りもせずにすぐ打ち解けてしまうのだが、そんな雰囲気はない。子どもたちは緊張した面持ちで、短い答えしか返してこない。静かな授業が、最初の一時間の間ずっと続いたのだった。

矢口さんは、「マンガ家矢口高雄という名前は、ペンネームです。本当の名前ではないんです。下の名前の高雄というのは本名ですが、ぼくの本当の名前を知ってますか？」と質問すると、祥照君が「高橋」と短く答えた。

——ありがとうございます。高橋高雄というのが本名です。ちゃんと役場に届けてある戸籍の文字で書くと、高という字は「髙」と書きます。

高橋高雄なんて、「高」ばっかり続いていて、子どものころはこの名前がとっても嫌だったんです。なぜかというと、ぼくはクラスの中でもいちばん身長が低かったのです。それなのに「高雄」って親たちが名前をつけたもんですから、いつもクラスメイトには「高橋低雄」なんて呼ばれて、何かとっても恥ずかしい名前だと思いました。

それでマンガ家になったときに、その当時、みなさんは若いので知らないかもしれないけれども、『巨人の星』とか『あしたのジョー』というマンガの原作を書いた梶原一騎《かじわらいっき》さんという人がいました。もう亡《な》くなりました。ぼくのいちばん最初のデビュー作を描くときに、この人と組むことになりました。そしたら、「高橋なんていうのは、何か平凡な名前だな。ペンネームを考えようよ」ということになったのです。

ペンネームとは、マンガ家として漫画作品を描いていくときに、あんまり平凡な名前だと読者に覚えてもらえないので、読者にパンチの効いた、「格好いい名前だな」とか、あるいは

「ちょっととぼけた名前だな」とかということで、読者によく覚えてもらうということを目的として、こういう名前をつけるんです。それは、マンガ家ばかりではないのです。小説家も、自分が書く作品にうまく合ったような名前をつけていきます。

そんなことで、ぼくは「矢口」という姓のほうをペンネームにしてデビューしていくことになります。矢口というのは、ぼくが初めて東京に行ってアパートを借りた場所が大田区矢口二丁目という所でした。そんなことから「矢口」というのはいいじゃないかと、出版社の編集者と原作の梶原一騎先生が考えて、「おー、それがいいよ」ということで決めてくれました。

みなさんの名前を見ていると、匠《たくみ》君、大地《だいち》君、雅昭《まさあき》君、優太《ゆうた》君、祥照《よしあき》君、恵美《めぐみ》ちゃん、綾《あや》ちゃん、みんなそのまんまタレントさんになってもいいような名前だね。みんなのお父さんやお母さんは、きっと生まれてきた子どもにこんなかっこいい人になってほしいという願いを込めてつけたんだと思います。

矢口さんは、子どもたちの名前を見ても、昔との違いを感じるのだった。昔の村は今の都会からは想像の及ばぬくらい封建的で、名前さえ自由につけられなかったのである。ある農家に男の子が生まれて、「清行」と名づけようとした。ところがその家は分家で、本家にもたまたま少し前に男子が生まれて、七郎と名づけたばかりだったので、「本家よりも立派な名前をつけるのか」と言われて、「清次」に変えたというエピソードが矢口さんのエッセイにある。

――ぼくたちのころは、ぼくは高雄ですけれども、同じ中村の同級生では「邦雄《くにお》」というのもいたしね、男の名前に「雄」をつけるというのがはやりだしたころだったと思います。でも、ぼくの同級生では、例えば「正治」というのもいたし、「昭吉」「富之助」「竹松」なんてのもいました。いかにも昔風な名前だと感じると思うのです。その時代その時代に人の名前のつけ方っていうのもずいぶん変わるんだなあと、この名前からもわかると思います。

ぼくの作品を少しでも読んだことがありますか？　ぼくの作品には、お魚が出てくる釣《つ》りの話だとか、それからクマが出てくる話。あるいは、小鳥が出てきたりと、動物をたくさん描いています。それからぼくの小さいころのお話なども描いてきましたけれども、それらは、すべてふるさとをテーマにして描いてるんですね。

そのぼくのふるさとというのは、ここなわけですよ。ですから、ここを題材にして、ひたすらマンガを描いてきたということになるわけです。

それで今日は、そういうふるさとをテーマにぼくが今までに描いたマンガの原画を、ほんの一部ですけれども持って来ました。みんなに見ていただきたいと思います。

3　矢口さんの原画を見る

矢口さんのマンガのカラー原画がパネルに展示されて、教室に運ばれてきた。子どもたちは、原画の登場にも特別なリアクションをとるふうでもなく、促《うなが》されて原画の近くに寄ってじっと見つめていた。それはきっと子どもたちにとって目新しいモチーフではなかったせいもある。ここの土地の見慣れた風景とものが題材になっている。

それから「イワナの産卵」、「ワラビとりの三平君」。花はタニウツギ、当地中村の春がモチーフである。だから、問われて答える子どもたちの感想は、矢口さんの絵のリアルさに対する驚きだった。

「イワナが生きているみたい」「観察がすごい」「クリが痛そう」「おいしそう」との感想を答える。匠《たくみ》君は、「イワナのつかみど

39　矢口さんの原画を見る

りをしたことがあるよ」と自分の体験を思い出した。また雅昭君は「狙半内《さるはんない》のことを描いてくれて嬉しい」と意見を言った。

子どもたちが絵を見ている間、矢口さんはカメラを取り出して、教室の様子を撮《と》っていた。

――ぼくは、いつもカメラを持ち歩いて、いたるところでパチリパチリと撮っています。これからマンガの作品の中で、小学校の教室が出てくるような作品を描くかもしれないと思って、写真を撮っているんですよ。自分の目でも一生懸命見ていても、実は、今も観察しているんだけれども、忘れてしまうことがあります。

例えば、この教室に掲げてある時間割表。ぼくらの子どものころにも、もちろん時間割はありました。国語、算数、理科、社会、それから体育と図工とそのぐらいのものだったんですけど、こうやって見ると、だいたいぼくらのころと時間割はそんなに変わってないのかなあ、なんて思いながら、実はいつか描くかもしれないマンガの取材をぼくはしてるわけです。

こういうふうにして、マンガ家というのはいつも物事を観察して、それがどういうふうになってるのかと注意しています。

ふるさとに帰るたびに、秋に帰れば秋の風景、春に帰れば春の風景というものに接しながら写真を何枚も撮ります。そしてそういう中から、自分で好きな構図を選び、作品を描いている。だから今見てもらったような絵ができるわけです。

ここで今日みなさんに、とっておきのものをお見せしたいと思います。ぼくが小学校五年生のときに描いた絵が、一枚だけ残っているんです。それをお見せしたいと思います。

立派に額装された一枚の絵が子どもたちの前に運ばれた。絵の下のラベルには、「第五学年、図画」とあり、タイトルが「農家の庭」と記されている。これはまぎれもない、矢口さんの小学校時代の作品である。制作年は、昭和二五年だ。

——昭和二五年といえば、日本が戦争に負けて、戦後のどさくさで、みんながまだまだ貧しくて不自由だった時代ですけれども、敗戦から五年経った昭和二五年に、インドのネール首相と

「農家の庭」

いう人から友好の証《あかし》として一頭のゾウが日本に贈られたんです。「インデラ」という名のゾウで上野動物園に贈られました。そのとき、ゾウの他にもたくさんの動物を連れて、全国各地で移動動物園というのをやったんです。

それで、秋田市でもその移動動物園が開かれて、そのときにそれを記念して秋田県児童博覧会というのを戦後初めてやりました。そのときに、図画とかいろいろなものが募集《ぼしゅう》されて、ぼくは、小栗山《こぐりやま》小学校の小学生として応募《おうぼ》しました。そしてこれが、なんと金賞を獲得《かくとく》したという思い出の絵なんです。

そのとき最初は、「どんな絵を描こうかなあ」と小学五年生のぼくは思いました。ぼくを教えてくれていたのは川越《かわごえ》先生という先生でした。この先生は、とにかく戦後の貧しい学校で、何の教材もないようなときに先生になって、小栗山にやってきました。ぼくたちを教えるときに何の教材もないわけですから、図画の時間になると、「身の周りにあるもの全部がテーマになるんだよ」って教えてくれたんです。

それでぼくは描くものを迷っていたときに、自分の家のトイレの入口あたりにあった土間《どま》を見わたし、農業の鍬《くわ》だとか鎌《かま》、蓑笠《みのかさ》、荷縄《になわ》、アケビヅルで編《あ》んだ籠《かご》などが掛けてあるのを見つけました。「あ、これを題材にして描こう」と思いついたわけです。「身の周りのものが全部絵になるんだ」という先生の教えによって、そういうものを選んで、そしてよく観察して見るようになりました。そういうわけで、これが小学校五年生のころのぼくの絵です。

君たちの家も農家だったら、このようなものを見たことがあるでしょう。今も似たようなのがありますね。このごろは、農業のやり方も機械化されてきて、昔のようなこういう道具類というのがだんだん少なくなっているのかもしれませんがね。

4　自分たちの土地について考える

――ぼくは東京に出て、自分のマンガを描くようになったときに、最初は自分の生まれたふるさとというものに対してあまり自信を持てませんでした。田舎《いなか》で誇《ほこ》れるものもなかった。どっちかといえば、ぼくは自分のふるさとが大嫌いだったんです。嫌いだった理由のいちばん大きいことは、冬に雪が降ることなんだね。

みなさんは、学校の裏に天下森《てんがもり》スキー場がありますから、全員がスキーをやるんだね。じゃあ、冬はそんなに嫌いじゃないでしょう?

匠《たくみ》君は、「雪玉をつくって雪合戦《ゆきがっせん》をしたりするから、けっこう冬も楽しい」と、祥照《よしあき》君は、「雪下ろしとかやらなきゃなん

天下森スキー場

ないから、あまり好きじゃない」と答えた。恵美《めぐみ》さんは、寒かったり転んだりするのであまり好きじゃないそうだ。

――やっぱり冬は寒くて、雪というのが冷たくて、ぼくは体が小さくて弱かったから、毎年冬になると風邪《かぜ》をひいては学校を休んでいました。だから雪に対する憎しみというか、恨《うら》みのようなものを持っていました。

祥照《よしあき》君が言った雪下ろしなんていうのは、雪の降らない地方の人たちにはやる必要がないわけだからね。だから、なんでぼくはこんな雪国に生まれて損をしているのだろうということで、自分のふるさとをずーっと恨んでいたんですよ。

それで、そのためにもぼくは東京に出ていって、マンガ家になれば、まず、このふるさとから抜け出せるし、ふるさとの雪からも逃げることができるというように考えました。それで、東京に出てきたわけです。

ところが、東京で見たテレビの「ふるさとの雪便り」で、何か知らないけれど涙が出てきて、雪を見ただけで感動している自分がいることに気がつきました。あれほど恨み呪《のろ》ったふるさとの雪の風景がとっても懐かしく、美しいものに見えてきたんだね。

そこからなんです。ぼくがあんなに嫌だったふるさとの、あんなに冷たくて疎《うと》ましかった雪のことを、まさにそういうものをマンガの題材にして描こうと決めたんですね。そうしたら、自分のふるさとというものがとっても素晴らしいぞ、これはもう、どこへ行っても、だれに自慢話をしても、ぜんぜん恥《は》じることのないような、そんな素晴らしいふるさとがぼくにはあったんだということに気がついたのです。それが、ふるさとをテーマにした作品を描くようになったいちばんの始まりなのです。

みなさんは自分の生まれ育ったふるさとのことを「増田町《ますだ》」と呼びますが、ぼくは相変わらず自分の家のある所を「村だ、村だ」ってさっきからきっと言ってると思うけど、ぼくにはまだ村のイメージなんだね。

そこで、狙半内《さるはんない》という自分の生まれ育った地区を、今みなさんはどういうふうに考えているかを聞いてみたいんです。

「山や川の自然がいっぱいあって、その中で遊べること」。子どもたちはだれも同じような答えだった。この土地の自然が好きなことはよくわかる。もちろん矢口さんのように東京のような都会はまだ知らないけれど、テレビなどの情報で都会のイメージは持っている。それとの比較もあって、身の周りの自然のことや季節の変化についても、みんなは狙半内がいいところだと思っていると答えた。

矢口さんの時代は、まだ情報が少なくて、都会だけでなく他の所の自然も知らなかった。海を初めて見たのも、小学五年生のときの児童博覧会で秋田市へ行ったときのことだという。海というものを見て呆然とした、と矢口さんは語っている。

矢口さんが初めて汽車を見たのは、小学四年生のときの二〇キロ徒歩遠足で、だれ一人声も出ないほどに、鉄の車輪や黒い煙、白い蒸気、けたたましい汽笛に圧倒された。その汽車に初めて乗ったのも、小学校五年生のときで、やはり博覧会で秋田市へ先生に連れて行ってもらったときだった。

矢口さんは、この自分のふるさとのことを、今ここで育っている子どもたちが「いいところや嫌なところ」をどんなふうに思っているのか、たずねてみたいのだった。矢口さんは、子どもたちの答えに対して逆の質問をしてみた。

「たしかに自然が素晴らしいのはそうでしょうけれど、例えば東京だとか、あるいは増田町の街のほうとか秋田市だとか、あるいはディズニーランドとか、人のたくさんいる所へも行ってみたいとは思いませんか?」

「ちょっとは思うけど、でもやっぱり自分の遊んだりした所だから、ここがいちばんいいなあと思います」

恵美《めぐみ》さんだ。でも続けて、

「やっぱりちょっと不便だなあと思います」

大地《だいち》君は、「だんだん、ここの山とかそういう自然を潰《つぶ》すとか、そういうふうにしていくのがあまり好きじゃない。動物もいなくなるから」と、現代の自然破壊について心配している。

「なるほどね。どんどん開発されていくところが嫌なんですね。雅昭《まさあき》君はどうですか?」

「ぼくも同じで、いろいろ工事とかで水が汚くなったりしたから、そういうのは嫌だ」

「いい意見だね。たしかに便利になるけど、そのかわり、なくなるものもあるからね」

「川とかで遊んでいると、何かゴミが流れてきて、そういうところがちょっと嫌」との祥照《よしあき》君の意見からは、こんな山の中にも今では多くの人たちが入りこんできていることがわかる。

「それはやっぱり住んでいる人がいけないんだよね。ゴミを捨てる人がいるからだよね。優太《ゆうた》君はどう?」

「虫がたくさんいるけれど、アブとかに刺《さ》されるとなんか痛いし、かゆくなってくるから、嫌な虫とかがいるところがすごく嫌です」

――この土地のちょっと不便なところが困るという意見と、その不便さをカバーするためにいろいろ工事をしたりして自然が壊されていってるんじゃないか、そういうところがいけないんじゃないかという意見がありました。あるいは川原がどうもゴミで汚れているんじゃないかという意見もありましたけれども、これは大変重要な問題だと思いますね。

それから、嫌いな虫がいて、アブのようなものに刺されるって言ってましたけれど、ぼくの子どものころというのは、夏になると「蚊帳《かや》」っていうものを吊《つ》らないと、夜はだれだって眠れませんでした。「かや」って、きっとみなさんは知らないでしょうね。ちょっと六年生には難しい字かもしれないけれど、「かや」っていうのは、「蚊帳」と書いて「かや」と読みます。蚊帳を知ってる人？（だれかが「昔の家で茅葺《かやぶ》き屋根とかある」と答える）

茅葺き屋根のカヤとはちょっと違うのです。目の粗《あら》い薄い布で、部屋の中全体がスッポリ入るようなものです。その中に布団《ふとん》を敷《し》いて寝たわけです。ネットのような、これは昆虫採集の網目《あみめ》のようなものになっています。それを部屋の中にぶら下げて寝ないと、蚊がぶんぶん入ってきて刺されるもんですから、かゆくてかゆくて眠れない。そういう時代がぼくらの子どものころばかりではなくて、大人になってからもずっとあったもんです。

みなさんの家では、蚊取《かと》り線香《せんこう》や電気蚊取り器みたいなのを使ってるでしょう。あんなもので蚊避《よ》けできるぐらい今は蚊が少なくなりました。ぼくらのころは、家の中がぶんぶんと蚊だらけで、とても蚊帳なしでは眠れない時代でした。

どうしてこうなったかということは、たくさんの理由があるんだけれど、その中でいちばん大きなことは、田んぼをつくるときに農薬を多く撒《ま》くようになったことです。それで、蚊がどんどんいなくなっていきました。

それから、蚊が発生するような、ボウフラがわく下水のようなものも、どんどん消毒されたり、コンクリートで固められて、蚊が棲《す》めないような環境になってきたということです。でもこれはとっても難しい問題なんだよね。

ぼくたちにとっては、蚊がいて眠れなかったのが、いなくなればとっても住みやすくて便利だなと思えるわけです。でも、蚊がたくさんいたころは、夏になると、もうどこへ行ったたって、この狙半内《さるはんない》川一帯は、ホタルがバンバン飛び交っていたんですね。それからどんな所へ行ったってトンボがたくさんいた。そうすると、蚊がいなくなったということは、トンボやホタルなどもどん減っていった。だから人間が便利に住める所、豊かな環境ということは、動物たち、昆虫たちにとっては、必ずしも都合がいい環境ではないということですね。

この点は、みなさんが狙半内地区に生まれ育って、ここをふるさととして愛していくためには、考えるいちばんの基本になることではないかと思います。

ちょうど川が曲がっている所に行くと、このへんで言う「つなぎ」というアブがたくさん発生していて、刺されて辛い。そういうのは、ないほうがいいんだけどね。

人間というのは、ほんとに自分勝手な生き物だとぼくは思います。ゴキブリなんかは、「ゴキブリホイホイ」でいくら殺したってだれもかわいそうだとは思わない。だけども、例えば犬や猫、あるいは小鳥がもし虐待《ぎゃくたい》されたりしたら、すごくかわいそうだと思うでしょ。人間は自分の都合や好き嫌いで案外ものを決めたりするんですね。

ヘビの嫌いな人はいますか？　ぼくも別に怖くはないけれども、好きではないね。ヘビも人間からすごく嫌われてるというか、ヘビを好きだという人もたまにはいるかもしれないけれど、ほんとにかわいそうな動物だと思う。

ぼくは子どものころ、何百匹ヘビを殺したかわかりません。ヘビは、やっぱり気持ちが悪い。だから、たったそれだけの理由でぼくは木の枝とかそういうものを持っていって叩《たた》き殺すということをやってきました。気持ち悪いという理由だけでヘビは同情されないので、今大人になって考えてみると、ヘビというのは気の毒な立場にあると思うんです。

そういうこともこれからみなさんが大きくなって成長して、やがて中学生や高校生になっていく過程で考えてみればいいと思います。案外人間というのは自分の都合ばっかりで、自分の好き嫌いばっかりで決めていることってないだろうか、という観点でものを考えてみるというのが大切なのかもしれないね。


子どもたちの意見が「この土地の自然がいい」ということや、自然破壊に対する心配だったこともあって、美しい自然を守ることに話題が行ったけれど、矢口さんには、その自然が過酷な生活条件を生んでいたことも、忘れがたい思い出として残っている。

三〇年以上もこのふるさとを描き続けてきて、そのふるさとの変化もまた矢口さんは捉え続けてきた。

矢口さんは、ふるさとが発展して変化していくことは、むしろ望ましいことだと言う。

――マンガ家になって、まだ若いときだったけれども、ふっとふるさとへ帰ったら、やっぱりぼくと同じように都会へ出ていったふるさとの出身者が帰ってきていて、このごろふるさとがあまりにも、どんどん変わっていくので、あのころのものがどんどんなくなるようで寂しいなっていうことを言った人がいたんですよね。

それに対して、ぼくはすごく反発を覚えましたね。土橋がコンクリートの永久橋に変わったり、それから、流し台がステンレスになったり窓枠がアルミサッシになったり、ふるさとであるがゆえにそんなことは必要なく、過去に安閑としてればいいみたいな考え方は、ぼくにはどうしてもできなくてね。

ふるさとがどんどん変わっていって、それこそ日本の憲法にあるように、文化的な最低限度の生活を営めるように一日も早く豊かになってほしいと、ほんとに願い続けてきたんです。そういう意味でのふるさとの変わりようみたいなものを、ぼくは自分の作品の中で、ずーっと捉え続けてきてると思う。

ふるさとが変わってしまって、藁葺き屋根から雨垂《あまだ》れ勾配《こうばい》の文化住宅に変わったから、ふるさとらしくなくなった、などという考え方は決して持たないね。だいたい自分が便利な都会に生活圏を置いていながら、ふるさとだけ変わらないで昔のままでいてほしいなどという考え方は、かなり傲慢なんでね。都会に住んでいる人間の感傷のような気がしてならない。どんどん変わっていく姿を、そのまんまやっぱりぼくは見つめてきたというところですね。「ふるさとよ、変われ」って、ぼくはあくまでもそういう立場で見ていましたからね。

だけども、そういうなかで批判的になってしまうものもあるわけ。それは、あのスクールバスっていうものの出現によって、ぼくらのころは学校帰りに道草を食いながら帰っていったのに今の子どもたちはそのチャンスが奪われてしまった。

その失われたチャンスをどのようにして取り戻していくべきかということを、つい自然に囲まれてるもんですから考えないで過ごしている。そのことにはぼくはずいぶん批判的に作品のなかでも取り上げてきました。

便利な東京にいながら、ふるさとのマンガを描いてるっていうこと自体に、初期のころは内心忸怩《じくじ》たるものを感じていました。うしろめたさ、っていうかね。そんなにふるさとがいいんだったら、ふるさとにいてマンガを描きゃいいじゃないの、っていうような声が聞こえてきそうでね。

そういうことも、今はもう、まったく感じてない。だけど、心はやっぱりふるさとにいつもあるね。だから、ふるさとが変わって、昔は板張りの校舎だったのが、鉄筋コンクリートの校舎に変わっていくさまをごくスムーズに素直に受け止めることができる。そういうことによって人の心も変わっていくと、微笑ましく受け取るほうだしね。

そういう面で、ぼくはわりと旅人的な感覚を持ってないのかもしれない。今はこうやって道路も良くなり、車もビュンビュン走って、だんだん流行とか文化とかというのは画一化してきてる。子どもたちだって、きれいな標準語を話すものね。

ぼくたちのころは訛《なまり》があって、標準語らしきものはしゃべれるんだけど、本当はしゃべれなかったんですよ。そういうところがどんどん変わってきてるので、それだけぼくの時代からすれば、螺旋状《らせんじょう》に向上してるんでしょうけど。

5　道草をしたことがありますか

――「今日は道草をしないでまっすぐ家に帰りなさい」

ぼくの子どものころは、授業が終わって学校から帰るときに、先生は必ずこう注意しました。ぼくたちはそんな注意なんて耳に入らなかった。ぼくらは毎日のように道草を食いながら学校から帰りました。そのころを考えてみると、ぼくは大変忙しいガキだったと思うんです。

忙しいというのはまず一つは、「釣り少年」でした。ぼくはこのころから大変釣りが好きだったんですね。それでぼくの代表的な作品は釣りのマンガなわけです。

二番目には、「昆虫少年」でした。小学校三年生ぐらいのときに夏休みの宿題で自由研究をやることになって、最初、昆虫採集を選びました。昆虫というのは六本脚《あし》なんです。チョウもトンボもカブトムシもセミも、何でも集めようとしていたんですが、そのうちしだいにチョウチョウ一辺倒《いっぺんとう》になりました。チョウチョウを集めることが好きになった。やっぱりチョウチョウというのは、羽の文様《もんよう》がきれいです。あれが嫌いという人もいるけれどもね。

この地区には、だいたい一二八種類ぐらいのチョウチョウがいると言われています。その一二八種類全部を集めてみようと思って挑戦したんです。小学校四年生から高校三年生までかかりましたね。それで九八種まで集めました。残りは何かというと、この奥の栗駒《くりこま》山の上のほうなどの高山にいるチョウチョウです。結局、それくらいしか集めていないものはなかったというほどチョウチョウを集めていた大変な「昆虫少年」でした。

三番目が、「マンガ少年」でした。とにかくマンガを読むことが好き、そしてマンガを描くことも好きで、マンガ家になるのが夢でした。

マンガと出会ったいちばん最初は、小学校三年生の冬休みに村の若い人がぼくのところに一冊のマンガの本を持ってきてくれたんです。その前からぼくはマンガが好きだったもんですから、「高雄にマンガの本を一冊買ってきてやったから」と言って、ふいに持ってきてくれたのです。それが手塚治虫《てづかおさむ》の『流線型事件《りゅうせんけいじけん》』というマンガの本でした。今でもマンガ美術館に行くと、その本を見ることができます。昭和二三年のことです。

今、みなさんは日常的に自動車やバスに乗っていますが、自動車やバスのボンネットの形を思い出してください。前から風がくると、風がボンネットにぶつかって渦《うず》を巻いてしまうので、速いスピードが出ません。

ところが流線型になっていると、風が後ろへ流れていくためにスピードが出しやすいのです。というわけで、自動車のスタイルがだんだん流線型になっていきます。手塚治虫の『流線型事件』は、なぜ自動車を流線型にしなければならないのかということを描いたマンガなのです。もう今から五〇年も前のものです。そういうことをマンガに描く人がそれまではいなかったので、当時はすごく新しかったんですね。

ウサギさんチームとオオカミさんチームがあって、最後にはそれぞれのチームが自分の工場でつくった自動車で競争をするというようなドラマだったんですよ。これを読んでぼくはいっぺんで手塚治虫ファンになって、その感動が忘れられなくて、やがてはマンガ家になったということです。

ぼくは「マンガ少年」と「昆虫少年」と「釣り少年」を同時にやっていくわけですから、一日の時間が足りないくらい忙しかったのです。そのような少年時代を過ごしていました。

さっきの話に戻りますね。授業が終わって家に帰るときに、小学校の先生は必ずぼくらに対して、「今日も道草を食わずに、まっすぐ家に帰りなさい」と注意しました。道草ってどういうことかわかりますか？　みなさんもそういう言葉を使いますか？

「道草」というのは、寄り道をしていくということだね。寄り道をするわけですから、つまりそこで無駄《むだ》な時間を費《つい》やしてしまうということですね。無駄な時間を費やしてしまうからよくない。まっすぐうちに帰りなさいというわけです。なんでそれを「道草」と呼んだかというと、人間が牛や馬を飼うようになったころに言われた言葉だろうとぼくは思うんです。

今も、牛を飼っている家はありますよね。昔、ぼくが子どもだったころは、田んぼを耕すための耕耘機《こううんき》やバインダー（麦などを刈り取って自動的に束ねる機械）やトラクターなどがまだ開発される前ですから、みんな牛や馬に頼って馬耕《ばこう》といわれる方法で田んぼを耕していました。そのために農家では、牛とか馬を飼っていたんです。

牛や馬の食べ物は草です。田んぼに連れて行くときに、お百姓《ひゃくしょう》さんが引いていくわけですけれども、牛や馬はお腹を空かしていると動かないわけです。それでそのへんの道ばたに生えている草をまず食べさせなくてはならなくて、そうでなければ牛や馬はいくら引っぱられても動こうとしません。飼い主はしょうがなくて、そこでしばらく休んで、道ばたの草を食べさせました。そうすると、仕事のうえでは無駄な時間を費やしたということになるんですね。道草の語源《ごげん》は、そういうところから生まれてきたのです。

道草をしないでまっすぐ家に帰りなさいと毎度《まいど》のように注意されていたのに、そんなことに聞く耳を持たないのがぼくらでした。なぜかというと、戦後の貧《まず》しい時代が少年時代だったのですから、みんなとにかくお腹が空いているんです。だから、まさにこの牛や馬のように、道ばたの草をかきむしっては食べながら帰ることが、ぼくらの学校の帰り道だったわけです。

今のみなさんだったら「ただいまー」って家に帰れば、たぶん、お父さんやお母さんが仕事でいなくても、戸棚を開ければスナック菓子があったり、あるいはインスタントラーメンなんかをつくって、とりあえず空腹を満たすことができるのでしょうけれど、ぼくらのころは、そんな便利なものはありませんでした。なかったから、まさに道草を摘《つ》んでは食べて帰ったのです。

学校から中村までのコースは、道草にはなかなかいいコースでした。春はまず、「スカンポ」というのが始まるんだね。正しくは「スイバ」って言います。酸《す》っぱいんだ。それで春になると、いちばん最初に生えてくる。酸っぱくてそのままでは食べにくいので、家から出がけに新聞紙に包んだ塩をかばんに入れてきて、その塩をつけてボリボリ食べながら帰るのです。

ちょっと季節が進んでくると、ツツジが咲き出します。山ツツジ。あのツツジの花も、そのまんま摘んで食べるんです。あれは、ちょっと渋《しぶ》みがあるんだけど、甘くてなかなかうまいんですよ。

もうちょっと季節が過ぎると、通称は野イチゴと言いますが、このへんで苗代《なわしろ》イチゴとよばれるものがよく生えてきます。これも野性のものです。これは、イチゴだからおいしいに決まってるよね。

夏になると、クワの実。クワの実を食べたことのある人はいるかな。やっぱり平成の小学生はクワの実を食べないのか。グラウンドの向こうのブランコがある所の隅あたりが、大変素晴らしい桑畑だったんですよ。

そこがぼくらのいちばん最初の道草の場所でした。グラウンドの下の所は、「冷や水」ってよばれる泉が湧《わ》いているいい場所でした。今、この学校では飲み水として利用しているようですね。ぼくらのころは、ずっと向こうの小栗山の半鐘柱《はんしょうばしら》のあるほうが学校でしたから、あそこから帰るときに中村の子どもたちはそこの坂を登ってきます。

そこに「庚申塔《こうしんとう》」っていう石の碑《ひ》がありますよね。あのあたりまで来ると、中村の集落の子どもたちが全員集まって、そこでジャンケンをするの。何のジャンケンかというと、勝った順にその「冷や水」の泉の水を飲む順番を決めるのです。

そして水を飲み終わると、坂をかけ登って、そこの桑畑のクワの実を食べました。このへんでは、クワの実のことを「クワゴ」とちょっとなまって「カゴ」って言いますね。そのクワの実が紫色に熟《う》れて甘くておいしい。もうそれは、道草の王道だね。

野イチゴも夏になれば、あのあたりにはいっぱい出てくるわけですから、それも、夏のほうに入れてもいいのかもしれない。

さあ、秋になったら、このへんは道草に事欠くことはありませんね。クリの実がはぜてくる。アケビが熟れてくる。アケビが熟れれば、山ブドウも。このへんでは「サナヅラ」って言うね。ちょっと通《つう》になってくると、「ガマズミ」という赤い実がなってきて、これは酸《す》っぱいですけれどもおいしいんです。寒くなってくると、これがまたおいしくなってくる。

ということで、その他にもいろんなものがあるんですけれども、ぼくらは学校帰りにいろいろな所を通っては食べて、とにかく空腹を満たして帰るのがぼくらの少年時代でした。

この学校帰りの道草が、すごく無駄な時間を費やしたことだったかといえば、ぼくには決してそうではなかった。それはなぜか。ぼくのマンガを見ればすぐにわかる。その道草で得たことを、ぼくはすべてマンガにしているわけです。道草で養われたこと、そういうものがぼくのふるさとを愛する気持ちになって、ふるさととマンガを描くようになりました。そのいちばんのもとが、道草にあったんです。

例えばみなさんは、カエルは卵からオタマジャクシになり、その尻尾《しっぽ》がとれて、手足が生えてきたのがカエルだってことは知っているだろうけれど、実際にそういうのを見たことはありますか？　そういうことは学校でも教わるだろうけれども、ぼくたちは春に学校帰りの道草で、それを自然観察していたわけです。

セミが生まれる、トンボが生まれるというのも、別に学校の理科の時間に習わなくたって、自分たちの目でちゃんと確かめて覚えていたわけです。

秋になると、赤トンボが突然のようにウジャウジャとこのへんに降りてきますよね。あれは、いつ生まれるんだろうかということを考えたことはありますか？　生まれるのを見たことはありますか？

みんなが見たことがなくても、赤トンボは生まれています。それもこのすぐ近くで生まれているんだ。秋になって、ふわっと突然出てきたように思うんだけど、実はこの奥の栗駒山に夏に登山してみるとよくわかります。夏は里が暑いから、暑さを避けてトンボがいっせいに山に避暑に行っているんだね。夏の間は山の高い所で暮らしているんだ。

もともとこの里で生まれた何万匹も何百万匹もの赤トンボが、夏の間は山の高い所で涼《すず》んでいるんだね。それで秋になると里もだんだん涼しくなってくるから降りてきて、急に赤トンボが出てきた感じになるんです。そういうものを、ぼくたちは子どものころに実際のこととして道草で知っていたわけです。だから、道草ってとっても大切だと思うんですね。

ところで、今の君たちは、道草をすることはありますか？　今は、できないですよね。学校から家までが遠いから、歩いて通えない。それで教育委員会でスクールバスが用意されて、それに乗って通学することになります。スクールバスが登場してから、子どもたちは道草ができなくなってしまいました。

そのことをぼくはとっても心配しています。道草のいいところは、自然観察を自分自身で必要に応じてできるということもあるし、それから、人間にとって大切な冒険心だとか、探求心というものが生まれるいいチャンスだと思うんですね。それなのに、昔の学校の先生は、その道草をするなと言ったわけですから、当時はそんな時代だったっていうことですよね。

今では、ぼくたちがやった道草にかわって、小学校低学年では生活科の時間があって、授業時間中に似たようなことをします。椎茸《しいたけ》栽培をしたり、学校の入口の花壇《かだん》でいろんな植物観察をしたりします。教科書には、カラー写真で出ていました。そのように学校の勉強の一部として、そういうのを十分取り入れているという感じはしました。

道草というものが、ぼくにとっては、懐《なつ》かしい思い出であり、マンガ家になっていちばん大きな財産だったなと思うのです。

それで、今日はそういう道草をこれからぼくといっしょにやってみようというのを、次の時間の勉強にしたいと思います。みんなでこれから学校を出て、天下森《てんがもり》のグラウンドのあたりまでいっしょに道草をしてみましょう。今はちょうど秋が終わろうとするぐらいまで深まっていますので、ぼくからの提案ですけど、この狙半内《さるはんない》の秋を見つけてみましょう。

キノコが生えている所があったらキノコを採ってもいい。アケビがなってる所はアケビを採ってもいい。クリを拾ってもいい。そういう「秋だなあ」と感じられるようなものを最低一人一つずつ採ってきてください。

その採ってきたもので、また次の授業をやりたいと思います。

6　授業「道草」

秋らしいものを見つける道草の授業のために学校の外に出ると、ビニール袋を持っている一年生の子どもたち数人とばったり出会った。袋の中には、クリタケ、ナメコなどがいっぱい入っていた。明日は、おじいさんおばあさんを招いて、「鍋《なべ》っこ遠足」をするのだと一年生たちは説明してくれた。この一年生たちは人見知りもせず、「こんなに採りましたあ」と得意げに、そして嬉しそうな声で矢口さんに話しかけてくるのだった。

「おお、どんぐり！」と、矢口さん。

「どんぐりの帽子も拾いましたあ。ツバキの実、ガマズミの実、山のものがいっぱいあります」

一年生は、先生に教えてもらったのか、自分たちの採集したものの名前をよく知っていて、てきぱきとした口調で矢口さんに答えていた。

「道草」というものもまた、都会の大人には郷愁を呼ぶ響きがある。矢口さんのような本格的なふるさとではなくても、だれの少年時代にも多かれ少なかれ道草体験があるものだ。改めて思い出すほどのエピソードがなくてさえ、わたしたちの心や体の中には、道草への郷愁を持ち合わせているようである。

矢口さんが語ったように、今では小学校低学年の学習指導要領には「遊び」や「生活の中の学習」が位置づけられて「生活科」という教科が設けられている。学習のなかの擬似《ぎじ》的な遊びの体験であるが、本来なら「遊び」や「道草」は勉強ではない。

しかし、ここではあえて「道草の授業」を、矢口さんはふるさとの子どもたちと時間をともにして行おうと考えたのだった。それに、この道草ではこの土地の季節のものを見つけることも目的の一つにあった。

学校のグラウンドの脇を通って、「道草の授業」に出発した。遠くのほうに桑畑が見える。矢口さんが小学生のころは、この道の坂を登った所に運動会をした広場があった。そこが今、桑畑になっている。道ばたでは、フジの木やサクラの木を見つけた。ヨモギもあった。「この汁を服に塗りつけると、アブや蚊が寄りつかない」と矢口さんは教えてくれた。

今、クリの木には実がいっぱい実っている。大きなイガグリも地面にたくさん落ちている。タヌキだろうか、ここへ来てクリを食べた跡も見つけた。

次には、ワラビが生えているのも見つけた。「ヨモギは食べたことがある」と子どもの声。「来年の春にここへ来れば、ワラビ採りができるよ」と、矢口さんが子どもたちに言っている。

さらに歩いていくと、カラマツ林にさしかかった。林の中にはいろんなキノコが生えている。それから、ブドウヅル、イタヤカエデ、それにウルシもあった。

そこからどんどん山の中へ入って行くのだが、子どもたちは矢口さんのずっと前を足早に道に沿って進んでいる。矢口さんは、「そんなに道なりにどんどん歩いたら、道草にならないよ」と、子どもたちに声をかけた。矢口さんは立ちどまって、道の端の向こうに続く林のほうに気がいっている。ときどき、藪《やぶ》をかき分けて中をのぞいている。そして、ついに道を外れて、藪の中に分け入った。

「道なりだけでは、発見ができないよ」と、矢口さんは言う。「こんな所を通るのは初めて」と、子どもたちは呟《つぶや》きながらも興味深げな表情になっているのだった。足元にはキノコがいっぱいある。ドングリも拾っている。

藪をくぐって出た所はナラ林だった。男の子二人が黄色のキノコを見つけて、持ってきたビ

木登りする

ニール袋に入れた。女の子も何やら拾って袋に入れた。

ナラ林をちょっと入った所には、自然の林にはふさわしくない錆《さ》びた冷蔵庫が横倒しに捨てられていた。都会の空地では驚くこともない光景なのだが、矢口さんのふるさとの林の中では、興ざめしてしまう異物である。こんな所にも、都会の〝現代〟が及んできていることが期せずしてわかるのだった。

男の子たちがアケビの青い実を取ろうとしているが、背《せ》丈《たけ》よりも高い所にあって、なかなか取れない。雅昭《まさあき》君が木に登って、枝をなんとかたわわせて、やっと手にしたものは、残念ながら中が空っぽだった。それで、男の子たちは、もっと高い枝にあるアケビ取りにこだわった。

しばらくの時間をこの挑戦に費やすことになった。そうしてやっと、一個の実の採取に成功したのだ。その実は小さかったけど、きれいな青色をして少し開いていた。実の中は今度は空っぽではなかった。

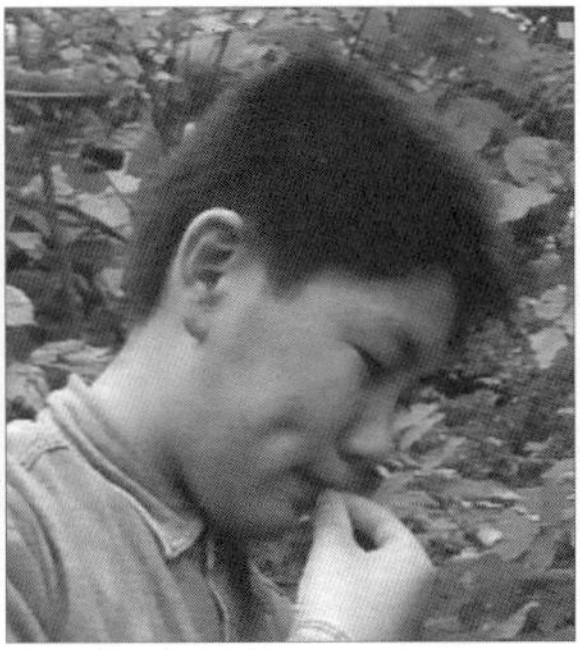

ガマズミを食べる

採ったアケビの実を大事そうに掌にのせているのを見て、「ツルごと取ったほうがいいよ」と矢口さんはアドバイスする。矢口さんはガマズミとアケビの実二、三個をツルのついたまま手にして、子どもたちの興奮を笑顔で見守っていた。

矢口さんに「おいしいよ」と勧められて、子どもたちはガマズミの実を食べてみたのだけれど、みんな苦《にが》そうな顔をした。匠《たくみ》君は、ホウの木の葉を拾った。綾さんも枯葉を手にしている。恵美《めぐみ》さんはススキを持っていた。

こんなふうにして林の中で拾ったもので袋をいっぱいにして山を下り、途中、祥照《よしあき》君の家の庭に寄った。ニワトリを飼っている。池にはコイもイワナもいた。それから畑の続く道に出て、学校へ向かう。矢口さんの手には、マルメロもあった。矢口さんといっしょに歩いた「道草」は、これからも矢口さんのマンガを見るたびにきっと思い出すだろう。アケビの実を見ても、キノコを見ても思い出すことだろう。

7 「秋」を感じるものを写実的に描く

午後の授業は、道草で見つけた秋らしいものを絵に描いてみることだ。ずいぶんたくさんの植物が机の上に集められていた。

——道草はどうでしたか？ 楽しかったですか？ ぼくたちは子どものころ、こうやって山にもぐりこんでは、いろいろな道の草を採って食べました。そういう目的で林の中へ入りました。

今日のみなさんの入り方を見ていると、最初のうちは遠慮《えんりょ》してたのか、ただ道なりに歩いている感じがしました。人よりたくさん獲物《えもの》を採ろうと考えると、他の人の入らない所に入るというのがぼくたちのやり方だったように思います。

今日は、みなさんに秋を感じるものを探すということで道草をしてもらいましたけれど、午後の授業はそれをお手本にして絵を描いてみましょう。

午前中はぼくの描いた絵を見てもらいました。みなさんの感想の中には、例えばクリのいがのところがとてもリアルだという感想を述べてくれた人もいましたけれども、ぼくの絵は、その感想のとおり、ほんとにリアルに、いろいろなものを見たまんまにていねいに精密にすみずみまできっちり描こうということを目的・目標にして描いてきました。

だから今日は、ぼくのやり方と同じように、人が描かないようなところ、見ていないようなところを、とにかく見たまんまの形で正確に描こうということをテーマにしたいと思います。

みなさんは学校の図工の時間に、「ピカソ」という世界でも非常に優れた画家の名前を聞いたことがあるでしょう。ピカソは、ふつうの人が見たら「下手くそじゃないの？」と思うような絵を描いたのに、その人が世界でもナンバーワンと言われています。

ど下手な絵や理解しにくい絵が出てくると、「おー、ピカソのような絵だ」というような言い方をしますね。でも、ピカソという人は、ああいう絵を描く前は、とっても正確に、写実的に、リアルに描いていました。リアルというのは、写真的な、実際を写したような絵ということです。そういう絵を描きながら、だんだん美しい絵というのはどういう絵かということを求めていって、そしてピカソが到達したところが、みなさんも知っている「ピカソのような絵」と言われるところだったのです。

ですから絵のいちばんの基本は、そのものを見たまんまに描くことだとぼくは思っています。

それで今日は、道草で見つけた材料を使って、みなさんになるべく正確にリアルに描いていただこうということです。例えば、葉っぱがあったとすると、葉っぱには、葉脈《ようみゃく》という脈が走っているわけですけれども、その走っている脈もていねいに観察して描いてみましょう。

それから、今は秋も深まって霜枯《しもが》れしていたり、虫に食われたりして穴ぼこも開いてますけれども、そういうところもそのまま描いてみましょう。枯れてちょっと黄ばんだり黒ずんでいるようなところも描いてみましょう。実もできるだけ本物に忠実に写生してみましょう。

では、みなさんが採ってきたものの中で、「ぼくはこれを描いてみよう」「わたしはこれを描いてみよう」というものを、思い思いに取り出してください。ではこれから始めましょう。

七人はそれぞれに描くものを選んで、描き始めた。綾《あや》さんはガマズミだ。祥昭《よしあき》君と恵美《めぐみ》さんはアケビを選んでいた。大地《だいち》君はイガグリのトゲの出ているところを観察しながら描いた。優《ゆう》太《た》君はマルメロを描く。みんなといっしょに、矢口さんも描いた。

子どもたちの絵を見て回った矢口さんは、アケビの葉を二枚描いているのを見て、「ふつうは三つ葉だから三枚の葉が見えなければならないけど、この葉は一枚を落としてきたんだ」と、植物の様態の正確さにことのほか注意を促していた。

また、小さく絵を描いている子には、紙面をいっぱいに使って大きく描くようにアドバイス

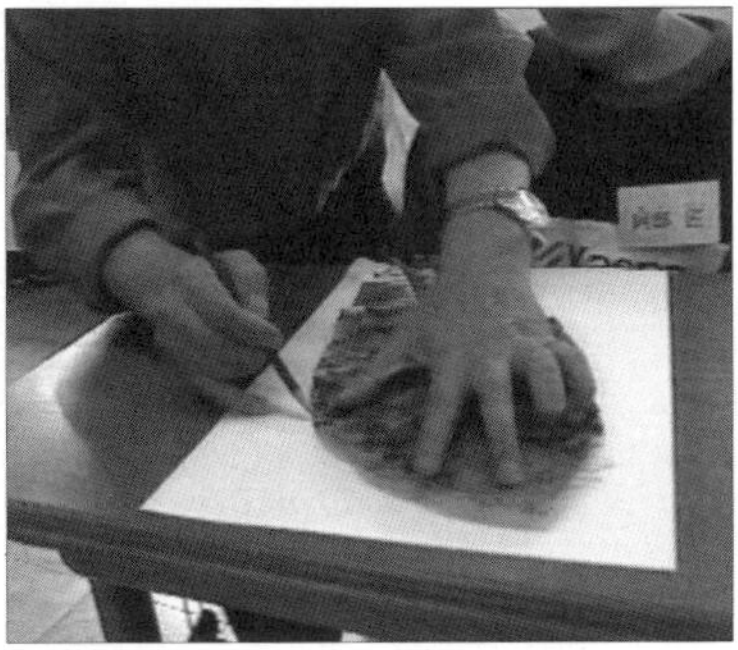

した。授業の初めに子どもたちに伝えたこの課題の目標は、図鑑のような正確な描写をめざそうということだった。だから、大きなホウの葉を描いていた匠君《たくみ》には、紙の上に現物の葉を置いてその輪郭をなぞってみせて、それほどの正確さを望んだ。

子どもたちは真剣に懸命にその課題に取り組んでいたので、矢口さんも「よくなったね」「版画にもなるね」と賞賛し励ましていた。

けれど、マルメロの描かれた絵では、自分がもいできた枝のとおりに描かれているけど、矢口さんは、それをバランスが悪いと感じて、別の枝を描き足して、手本を見せた。葉の枚数や大きさにも厳しい正確さを求めながら、同時に絵としての美的な感覚も求めるというかなり高度な要求も矢口さんは言ってみたが、子どもたちは、そのことも理解したようだった。

子どもたちにそれが理解できた一つの理由は、実はみんなが描き終えたあとで、矢口さん自身がマルメロを描いてみせる実演を子どもたち全員を集めた前で行ったことにもあった。子どもたちは目を見はってそれを見ていた。

――最後にぼくが描いて、それをみんなに見せるということが非常に効果があったように思いました。ぼくも絵なんていうものは、自分一人で好きにやってるんですが、ただ、「ゲゲゲの鬼太郎」を描いている水木しげるさんを訪問して、彼が描いているところを見せてもらったことがあるんですよ。

そのとき初めてマンガというのはこのぐらいのタッチをつけて描くんだっていうことを知ったんです。目から鱗《うろこ》が落ちたような感じがしたんですよ。

ですから、プロが実際に描いているその筆運びのスピードはどのくらいのもので、どういうことを考えながら描いているのかを知ることは相当勉強になる。自信にもなると思うのです。

見たまんまを描くばかりではなくて、バランスを考えたり、そこに創作工夫をこらしながらやっていいんだなということがみんなにはおそらくわかっただろうと思う。それだけでも大きな発見だと思う。作者の創意工夫があってこそ、初めて美しい絵が描けるわけです。そこのところが授業の最後でできたかなっていう感じです。

子どもたちの前で描いたマルメロの絵の色紙に、最後に矢口さんは言葉を入れた。

「みちくさを　する子らの里　秋深し」

これで一日目の授業が終了した。これから来春までに完成させるカルタづくりについての宿題が伝えられた。この授業でやった観察の心をふまえて、「ふるさとの思い出」をテーマにカルタをつくりあげることであった。

カルタづくりが終わる閉校式の春にも、矢口さんはまた授業をしに学校にやってくる。それまでに、子どもたちはどんなカルタづくりをしているのだろうか。矢口さんは、いいものができるという期待を感じていた。この日の授業を終えた矢口さんは、これからさらに春までの長い時間を子どもたちと真剣につきあっていこうと考えていた。

「少し疲れましたね。やっぱり山の子たちはシャイなんだね。かなり打ち解けてきても、目と目を合わせて話をするってことが苦手みたいで。そんななかで今日は、道草の場面でやっぱり俄然《がぜん》元気になったんで、これはいいなと思いました。この調子で宿題のカルタをうまいことつくれるかな。面白いのができると思います」というのが、矢口さんの授業を終えた感想だった。

8　カルタづくりの相談

矢口さんが東京に帰ったあと、増田東小学校の六年生たちは、矢口さんから出された課題のカルタづくりの準備を始めた。このカルタは七人の合作になるので、みんなで方針や分担を決めなくてはならない。

まず、それぞれが思い思いに描きたいものを絵に描いた。読み札もつくってみた。教室では恵美《めぐみ》さんの司会で、それを一人ずつ発表した。

祥照《よしあき》君は、キクザキイチリンソウを描いて、読み札の句は、「草花を　かいて楽しい　観察会」だ。学校行事の自然観察会をテーマにした。

優太《ゆうた》君は、運動会と筆箱と鉛筆。雅昭《まさあき》君は、スポ少（スポーツ少年団）、ワラビとり、アケビを描いた。「四年間　打って守った　スポ少」。少年野球のことだ。もう一つ。「わらびとりたくさんとって　自慢する」。

大地《だいち》君は、ランドセル、スキー、クリ。句は二つ。「ランドセル　つかいはたした　六年間」

「スキーの日　直滑降で　ブッとばせ」。

匠《たくみ》君は、ホウの葉となめこ汁。ホウの葉の句は、「ホウの葉に　虫がたかって　ボロボロだ」。

綾《あや》さんは、ガマズミとログハウスの絵を描くことを予約した。

最後に司会の恵美さんの発表。絵は、アケビ、ランドセル、イワナのつかみどり。句は「ランドセル　せおってみんな　東っ子」「つかみどり　イワナをとって　笑顔満点」。

恵美さんは、絵が重なっていることを指摘して、それをどう調整するかを議題にした。例えば、ランドセルでは、恵美さんと大地君、アケビは、恵美さんと雅昭君。恵美さんの意見では、絵は同じ題材のものがあってもかまわないが、句は重なっているのを相談して変えようというものだった。みんなもその意見には同意した。

カルタは「あ」から「ん」まで四五枚。同じ字札があるわけにはいかないし、欠けてもいけない。それで、だれがどれを分担するかを決めなければならない。

その前に、「ふるさと」をテーマにどんな題材にするかを考えることが先決だった。

黒板に思いつく題材を書き出す。しかも四季に分類して行事も入れる。黒板にどんどん書き出されていった。

「ふるさとの思い出」
時計　ランドセル　ふでばこ　給食　やきいも　つり　サンショウウオ　カマキリ　バッタ　ヤゴ　カジカ
春　サクラ　ツツジ　キノコ　自然観察会　運動会　修学旅行　卒業式　フキノトウ　遠足　ワラビとり　入学式　郡陸（郡の陸上競技大会）
夏　プール　虫とり　工作　郡市水泳　スポ少（野球）　保呂羽山《ほろは》　イワナのつかみどり　キャンプ
秋　学習発表会　なべっこ　五年保呂羽山　バイキング　アケビ　道草　クリ　キノコ　転校
冬　スキー　郡市スキー大会　雪合戦　雪下ろし　雪だるま　かまくら

題材はいろいろとあがってきた。けれど、与えられたテーマは、「ふるさとの思い出」である。子どもたちは、自由に少しずつ意見を呟《つぶや》き始めると、このテーマについての疑問がわいてきた。どこにでもある行事や風物詩でいいのかどうか。まず、「ふるさと」が問題になった。

「ふるさとって例えばどんなものなんだ？　東京に行ったことないからわからないよ」

「わかんない」と口々に同意の声があがる。

「ふるさとって言われたってわかるわけがない」

「東京の人から見てここはどんなとこ？」

「どいなか！」

「ふるさとイコールいなかなの？　いなかってどういう意味？」

「ふだん自分が住んでいる所だから、ふるさとって感じないよ」

「あっちの人は、ふるさとと言ってもいいよなあ」

「狙半内《さるはんない》って、なんでこの名前なんだ？　ここにしかないものって何だろう？」

「ホタルが珍しいと言われても、そんなものふだん見慣れているから、どうとも思わない」

「この土地の珍しいものと他の所の人が言っても、ぼくらには身近だからわかるはずがない」

「ＮＨＫの人にここをどう思うか聞いてみたら」

子どもたちは、「ふるさとは遠きにありて思うもの」と言っている。急に子どもたちの議論はこの話題で活発になったが、ここまできて子どもたちの思考は行きづまってしまった。一瞬静かになり、溜《た》め息が洩《も》れた。「ふるさとの思い出」の、今度は「思い出」の方に矛先が向いた。

「思い出じゃないよ。日常だよ！」

「だれかに狙半内のことを聞いてみよう。ここに住んでいて、ここと違う所を知っている人に」

「東京に行ったことのある人。遠くにいる人」

「矢口さんがいい」

「電話で聞くの？」

「身近だったら、お父さんお母さん」

「だれのお父さんお母さんもいっしょだよ。お父さんどうしも兄妹どうしも同級生だから」

「ぼくのお父さんはトラックの運転手をやっていた」

「それ、いいよ」

「先生にも聞いたら？　出張とか行っているから」

それから議論は、解決策に向かってまとまり始める。自分たちでも調べにいこう。それから、身近な人にも聞きにいこう。矢口さんには手紙を書くことになった。手紙を書くのは、この案の言い出しっぺの恵美さんが引き受けた。

9　自分の土地の再発見

長い議論が終わって、そのあと早速、決まったことの実行に移った。大地《だいち》君と雅昭《まさあき》くんは、学校のすぐ近くにある渓流へ入っていった。すでに議論の中で、どんなものを探しに行くかという提案や、行ってみるスポットも決まっていた。

渓流のせせらぎが聞こえる。二人は上流へ入った。そこにしゃがみこんで、川底の小石を一つ一つ動かしてみる。「いた！」と叫んでは、数回とり逃がした様子。しばらくして、目的のものを捕えた。掌にちょこんとのったとても小さなサンショウウオだった。この川にはサワガニもいるそうだ。二人はこれを学校に持って帰る。教室で雅昭君は、早速、サンショウウオの絵を描くのに取りかかった。

サンショウウオ

匠《たくみ》君は、議論のときからさかんに「ここはクマが出る。クマがいるんだよ」と言っていた。それは匠君のとても気になって

いることだった。それで匠君は一人で目的地に急いだ。そこは舗装された道ばたに立てられた看板の前だった。「クマ注意」と書かれている。匠君はこの看板をとても気にしていたのだ。先生から借りたカメラでこの看板を撮影した。

恵美さんは矢口さんへの手紙をていねいに書いた。あて先を書いて封緘《ふうかん》し、ポストに出しに行った。そのあと、優太《ゆうた》君、祥《よし》照《あき》君といっしょに「滝ノ下」の渓流に降りて、川沿いに歩いた。家屋が点在する車道からちょっと入ったすぐ近くに、こんなに山深い光景がある。「滝ノ下」は、優太君の家の近くである。

優太君の家で祀《まつ》っている神社があった。小さな鳥居《とりい》もある。祠《ほこら》には冬に備えて雪囲いの準備が終わっていた。それはおじいさんが一人でやったそうだ。

三人はそれからまた川沿いの道を歩いた。恵美さんは、秋の山々をカメラにおさめ始めた。遠くの山には紅く色づいている木々がある。青い大空に秋にしては雄々しい雲があった。

三人は川原をのぞいた。祥照君が「魚が見えるよ」と叫んだ。「たくさんいるよ」と言って、カメラのシャッターを切った。恵美さんの肩にトンボがとまった。「あっ、トンボ」と祥照君。

優太君は家に帰ると、おじいさんに話を聞いた。「他の所になくってここにあるものって何？　おじいさんは、東京にも行ったでしょ」

おじいさんは、ずっと長い間、出稼ぎに行っていた話をしてくれた。「苦労した」と語った。都会がいいとはちっとも思っていない。食糧については、ここの土地が豊かだと言った。昔、出稼ぎの東京では麦飯を食べたらしい。

「都会になくてここにあるものは、雪だ」と言って、さきほど見た神社の雪囲いの話をし、「あれでひと冬保《も》つ」と言う。昔は藁靴《わらぐつ》を履いて学校へ行った思い出も語った。

それで思い出した。おじいさんは手づくりのかんじきを持ってきてくれた。ここでも今ではもうつくる人はいないらしい。材料の木は冬にはしっかり乾いて、水を含みにくくなる。結び目のツメをしっかりとつくるのがコツで、ここを失敗すると、すぐほどけてしまう。ここのところが市販品と手づくりとの違いだとおじいさんは説明してくれた。しっかりとつくるためには、一日一足くらいしかできないが、昔は一冬で三〇足もつくっていたという。

優太君は、かんじきこそ狙半内《さるはんない》独特のものだと思って、スケッチを始めた。「これはカルタの絵になる」と思った。身近な人にこの土地のことを聞いてみるという、みんなで決めた作戦は、かんじきを見つけたことで、大きな収穫があった。かんじきの絵を描く優太君のそばには、赤トウガラシが干されていた。

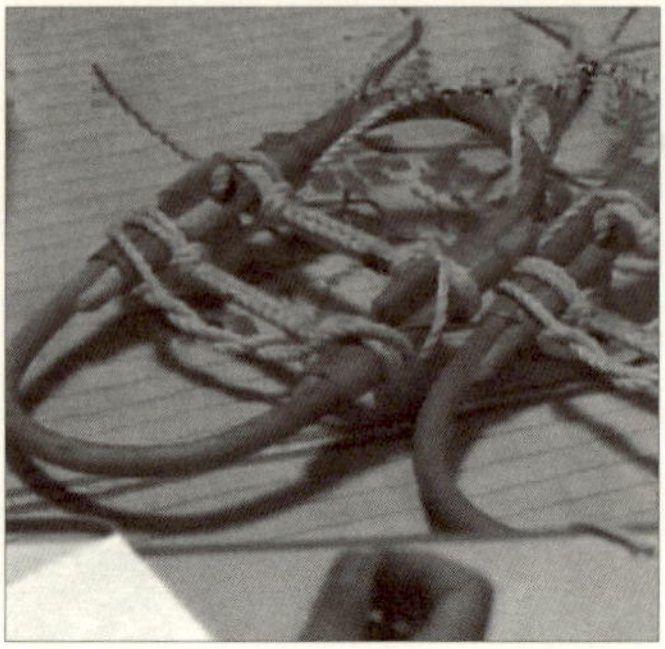
かんじき

雅昭君は自宅で、まず、キノコの絵をたんねんに描いた。それから、会議で打ち合わせたとおり、家族の人に狙半内のことを聞いた。

「狙半内にあって、他の所にないものって何だろう?」

まずお父さんに質問をぶつけたが、お父さんも急に聞かれて困った様子だ。

「うーん。ドジョウとかホタルは、他の所よりも多いんじゃないか。キノコやワラビなどの食べ物も。それから山の景色とか」

それでは子どもたちの議論と同じである。

「昔は魚もいっぱいいてよく釣れていたというけど、水も汚くなって少ない」と雅昭君。

「けれど、木の実とか魚とかの自然のものは都会よりもある」

「お父さんはトラックに乗っていたから、他の所との違いがわかるでしょ?」

「都会だと車がいっぱいで混んでいるけど、こちらはとても少なくて、同じ距離を走っていても、何かゆっくりしているというか、のんびりしている。運転の注意力は同じだけど、余裕が持てるというか、時間を大切にしている気がする」

「小さいときと比べて雪はどう?　雪は好き?」

「雪は十年二十年前から比べたら減ったね。雪はイヤだよ。他の所ではない仕事、雪下ろしなんかもあるので、少ないほうがいいけど」

「雪が少なくなって嬉しい?」

「それは助かるけど、雪が降ることで季節感があるからね。それから、春先の水、雪の恵みのおかげで田んぼの水が保てたりして大切なこともある。雪によって生活も潤うみたいな、田んぼとか野菜でも、そういう水を持ってこれるというのがいいんじゃないかな」

「雪があるのと、雪のない都会とどちらが好き?」

「うーん、季節感でいうんだったらやっぱり狙半内のほうがいいかな」

「狙半内の良くないところは?」

「やっぱり交通量が増えたせいで、自然が汚くなっていくことかな。空き缶やビン、ゴミなどが多くなったのが目立ってきたかなって思う」

「じゃあこれからどうすればいいと思う?」

「地域の人だけじゃなく、みんなが自然を大切にしていくことが必要なんじゃないかな。一人一人の心がけみたいな。自然を守っていくっていうのは都会でも同じだけど」

「昔に比べて良くなったところは?」

「何だろうなあ。交通も楽になったし、だんだん便利になってきた。衛星放送とかも発達してきたんじゃないかな。何だろうな、便利なところ?　雅昭は何なの?」

「うん、すぐ温泉とかにも行けるし、何か食べたいときにも、近くの店で食べられることとか」

「冬になれば、天下森《てんがもり》スキー場で、スキーもできるしね。うーん、やっぱり雪とのかかわり方も、嫌だけど楽しいんじゃないかな?　ねっ」

　そう言って、二人は声を出して笑った。お父さんへの質問を終えて、雅昭君は満足そうだ。少し自信もうかがえる。

「ふるさとだけじゃなくて、自然とのかかわり方とかも、ふるさとの思い出になってきてることがわかった」と雅昭君。では何を描く？

「ゴミについても、カルタに入れてみたいと思いました。ゴミというか、自然を壊したりすることはダメだから、そういうことに注意したいし、そういうことをカルタに描いてもいいと思いました。それも、いちおう六年間の思い出に入っていると思いました」

10　矢口さんのアトリエに手紙が届く

東京の矢口さんのアトリエでは、スタッフといっしょに矢口さんは仕事に勤《いそ》しんでいた。部屋の中は、仕事への集中で張りつめた雰囲気が漂う。矢口さんは、資料を参照し、アシスタントの人に描き方の指示を与える。『釣りキチ三平』の平成版が間もなく刊行になるのだ。

そんなところへ、ふるさとの恵美《めぐみ》さんから手紙が届いた。矢口さんはじっとその手紙を読んだ。

矢口高雄先生へ

狙半内も山が色づき始めてきました。わたしたちはこの前の勉強をいかし、実物をよく見て絵を描くようにがんばっています。

今日、カルタづくりについて話合いをしました。その中でふるさとのことをカルタにしようという意見が出ました。だけどふるさとといっても普段、見慣れていて、他の東京の人などにはめずらしいと思っても自分たちはよく見ているので、それが本当にめずらしいのかわからないということになりました。
話し合った結果、ふるさとから遠く離れた東京に行った矢口さんに聞こうという意見が出ました。矢口さんが思うふるさとは何ですか？　そして矢口さんのなかでふるさとのどんなところが好きなのかを教えてください。お願いします。

加瀬谷恵美

手紙を読み終えた矢口さんは、腕組みをして、ゆっくりと考えた。
――なるほどね。自分たちがそこに暮らしてると、ついつい自分のふるさとって何なのか、あまり見慣れていてよくわからない気持ちはよくわかるなあ。
「好きなのはどこか教えてください」。こういうときは、逆転の発想をしてみるといいんだな。自分にとって、ふるさとの嫌いなところは何だろうって考えてみたら、その嫌いなところ以外は好きなところになるわけですから。

つまり自分たちの暮らしている所というのはあまりにも近すぎちゃって、あまり意識したことがないから、何がいいのか、何が悪いのかっていうのがわからないということなんだね。つきなみな言い方だけど、「ふるさとは遠きにありて思うもの」という有名な言葉があるけれど、遠くに離れて振り返ってみると、物事の本質がわかるってことはよくあるからね。捨ててみたり、なくしてみたりすることによって初めて、その本質がわかるようにね。

ぼくが小学校三年生のときだった。その年に大流行した百日咳《ひゃくにちぜき》という病気にかかって、三歳の弟が死んだという、非常に悲しいことがあった。そのときの弟の存在というのは、ぼくにはうるさくて、ベタベタくっついてばかりで、よく泣くし、何かじゃまっぽい存在だった。風邪《かぜ》をコンコンひいて、咳《せき》をしていて、それでも弟のことなんか考えることもなく、ぼくは遊びいさかりでしたから、ほったらかしていた。でも、風邪の強烈なやつだったわけで、それからほどなくして、弟はどんどん衰弱していって、しまいには心臓麻痺《しんぞうまひ》で一命を落としてしまったんだね。

それまでは弟の存在というのが、自分にとってどういう存在なのかまったく知らなかったんだけど、死んでみたらいろんなことが思い出されて、あのときこうしておけばよかった、ああしておけばよかったっていうような反省もあるんだけれども、たった三歳の弟の命というものが、どれほど自分にとって重い存在だったかということをぼくは小学校三年生のときに思い知らされたんですよ。

これなんかは失ってみて初めて、そのものの価値、あるいは有り難さとか、あるいはお互いがさまざまに支えあっていたんだなということがわかったんだね。ふるさとというのも、あるいは、自分のお父さんお母さんなんていうのも、こういう感じじゃないかな。ただそれをぼくは、小学校三年生でいやというほど学習した。これはぼくの人生にとってはすごく大きなことだった。

しかし、こういうふうに「矢口さんが思うふるさととは何ですか」と聞かれると、あまりにも漠然としすぎて、ぼくも、よどみなく答えるというわけにはいかないものがありますね。

ふるさとは懐かしいだけではないんだね。きっとそこには自分を育ててくれた感謝の気持ちみたいなものが当然バックには裏打ちされてるだろうし、逆に言えば、ふるさとに対する恨みつらみみたいなものも同時にあるわけでね。このへんがやっぱりふるさとを考えるときにとっても大切なことかもしれないね。

雪は寒くて辛いということからも、自分のふるさとというものを考えることはできると思うしね。

ぼくは子どものころ、野菜はあまり好きな食べ物ではなかった。特に大根なんていうのは、そんなにおいしいなんて思って食べたことはなかったけど、これが大人になってみると大根の味というのはこのうえなくおいしい味になってくるわけです。

それが、凍らせた凍《し》み大根というものを煮付けて食べたりすると、「ああ、雪が降るおかげで、こんなにおいしいものが食べられるんだな」という、そんなふるさとの見方というのもあるんですよね。

今年の夏は台風が順調に来たっていう関係もあって、東京も水不足から解放されたけれども、一時危ういこともありましたよね。また、四国の鮫浦ダムという所では毎夏のように水枯れして、取水制限何パーセントなんて行われているんだけれど、秋田のぼくのふるさとで川の水が一滴も流れなくて飲み水も大変だなんていうことは、きっと味わったことがないだろうと思うんだよね。

冬にたくさん雪が積もるから、夏になっても水がなくなることもないんだなって考えると、あの嫌で寒くて辛くて冷たくて疎《うと》ましいばかりの雪も、実はふるさとの人たちには大変な幸せをもたらしてるということがわかってくるんですね。

やっぱり、一度みんなで東京に来て、東京を道草してみるっていうのも、自分のふるさとを遠く離れた所から見つめるという意味ではいいことかもしれないね。

そういう冒険をしてみてつかめるものがあるかもしれないね。ただ、いずれ東北や北海道の人間は、必ず一度は東京に出てくるわけで、今、ある程度大人になった人で東京を見たことがないという人はほとんどいないだろうし、あるいは、ああいう山の中に生まれ育っても、一度も海を見たことのない人もいないんじゃないかな。これは聞いてみたかったね。

ぼくが海を初めて見たのは小学校五年生のときでした。中国みたいな大陸では、本当に生まれてから死ぬまで、例えば東北地方のハルビンだとか、さらにその奥地に生まれ育った人では一度も北京に行ったことがないって人はたくさんいるしね。また、一度も海を見たことがないおじいちゃんおばあちゃんなんかたくさんいるんですよ。

でも、日本みたいにこんなに小さい国だと、お父さんお母さんに車に乗せてもらって、海を見た、温泉に行ったなどということは子どものころから体験してるだろうしね。また、そういう時代だと思うんですけども。

カルタをつくるためということではなくて、彼らがこれから中学生になっていく前段として、一度やっぱり、東京を見てみるっていうのはいい体験かもしれないね。

後日、矢口さんは恵美さんの手紙に対する返書を書いた。手紙を受け取ったときの感想をまとめ、そして東京へ来ることをはっきりと提案してみた。

冬

11　冬の間のカルタづくり

その年の冬もまったく例年と違わず、見事に降り注ぐ雪景色の中に狙半内の小学生たちがいた。空間を埋め尽くす雪の、凄まじいというか見事な降りざまを課外授業の番組ビデオで見入っていると、自然の摂理の過酷さと美しさ、それに対する人間の闘いや調和など、悠久の時間に思いが吸い込まれるようだ。そんな雪の中をスクールバスが学校に到着する。

すると、学校からテレビのカメラが遠くを捉えると、真っ白な道を数人の子どもたちが一列になって歩いてくる姿があった。背の高い子も低い子もいる。

雪の中を歩いて登校

制限速度四〇キロメートルの道路標識が、雪の壁となった道ばたに首を出すように突き出ているのがわかる。標識は冬の季節では忘れ物のように、雪にさらされている。一列の子どもたちのすぐそばを自動車が通った。そこは学校へ続く車道なのだ。除雪のブルドーザーも通った。子どもたちの赤と黒のランドセルに雪が降り積もっていく。山々の木々に対しては容赦ない降り注ぎっぷりだ。午前八時三〇分。始業のチャイムの音《ね》は、雪のせいでくぐもって聞こえる。

六年生の教室では、カルタづくりが進んでいた。今日は、カルタの読み札用の用紙が配られている。優太《ゆうた》君と祥照《よしあき》君が、カルタの字札はどんなふうに書くのかと相談している。本物のカルタを持ってきて調べ始めた。

教室で子どもたちが作業している間、教室の窓越しには、雪かきに取り組んでいる学校の用務員さんの姿があった。

綾《あや》さんは、「ガマズミは　一口食べれば　くせになる」という文字を太いマジックペンでなぞった。大地《だいち》君は、「六年間　使い果たした　ランドセル」と、マジックで上書きし、ランドセルの絵札の下描きも準備した。「さんしょううお　食べれば体に　いいですよ」と書いて、絵も添える雅昭《まさあき》君。雅昭君は、おばあさんからそう聞いたけど、気持ち悪いのでサンショウウオは食べていない。横から「昨日、事典で調べたら、サンショウウオって天然記念物って書いてあった」との声がした。

優太君の字句は、「雪の山　かんじきはいて　登ったぞ」である。もちろん、おじいさんのつくったかんじきの絵である。優太君自身も、かんじきを履いて山に登った経験が一度ある。絵は、まだ下描きの段階だ。

身近な人に「狙半内のふるさと」のことを聞きにいく取材作業は、まだこれからも続けるので、その相談が始まった。都会や遠くの土地を知っている人に聞いてみようと、この前決めた。どんな質問をだれがどんな順でするかという今日の相談もなかなかまとまらない。

ようやく準備を終えて、高橋愛子さんの家へスクールバスで送ってもらって訪ねた。

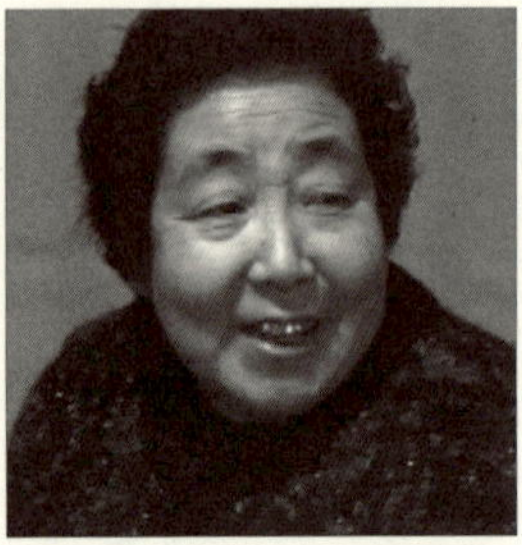

高橋愛子さん

高橋愛子さんは、大阪からこの村に移り住んだので、子どもたちの質問に答えてくれる適任者だと考えた。高橋さん宅の居間で、インタビューが始まった。

ところが、子どもたちは黙りこくって、あんなに相談してきたのにだれも声を発さない。高橋さんが何度も「どうしたの？　何でも質問して」と促しても、黙ったままである。何をしにきたの？

「今日はふるさとについてのお話を聞きに来ました」。祥照くんがやっと口を開いた。

「はい。おばあちゃんでわかることはしゃべってみますけど。五十何年も前といえば、やっぱり忘れてしまうこともあるでしょ」

子どもたちは礼儀正しく、「よろしくお願いします」と言った。

「高橋さんはどこで生まれたんですか？」

「生まれたのは北海道なんですけれども、親の仕事の都合で大阪に行ったんですよ。大阪で昭和二〇年に空襲で街が焼けて、この奥の滝ノ下という所から母親が出ていたので、ここに疎開《そかい》してきたんですよ。それからずっとこっちにいてね」

子どもたちは「疎開」という言葉を知っている。匠君《たくみ》が「社会の勉強で知っている」と教えてくれた。

「それは何歳のときだったんですか？」

「中学三年生でした。数えの歳で一六歳の六月に来たんですよ。それでその年の、昭和二〇年の八月に終戦になったの」

子どもたちは、またじっと黙ってしまう。質問事項もだれがどの順で質問するかも決めてきたのに、あまりの長い沈黙に高橋さんも「何、聞きたいの？」と催促する。すると、順番どおりに「なんでこっちに来たんですか？」と質問が出て、さすがにどっと笑いが出た。

「最初、狙半内に来てみてどう思いましたか？」

「最初はやっぱりびっくりしたんですよ。道もなければ、ちょうどここまでは、リヤカー道だったけれども、ここから滝ノ下の部落は、ちょうど人が歩けるだけの道幅しかなかったんですよ。草がぼうぼうで」

「高橋さんが生まれたふるさとと、こっちの狙半内を比べてどう思いますか？」

「その当時は何も食べる物がなかったし、苦しかったけれども、今こういう世の中になったでしょ。だから今はたいへんいいと思っているよね。ただ欠点は、雪が降るだけね。（笑い）雪が降るのがいちばん欠点だよね。雪が降らなければ、ここはいちばんいいところだと思うよ」

「狙半内にあって、他のそういう都会とかにないものってありますか？」

「今ないものって、ほとんどないんじゃないの。でも、こういうところに育つと、のびのびと育つというのは事実だよね。都会は、人また人、でしょ。ここは環境もいいし、そういうところがいいと思うよ」

「初めてここに来たときはびっくりしたと言っていたけど、今はどう思いますか？」

「今はね、みんないい人たちにめぐまれていたから、東京の方に行きたいとか、都会に出て生活したいとは思わないね。来たときは、苦しかった。何も食べる物もないし、あんたたちはいい時代に育っていいと思うよ。だからしっかり勉強しなくちゃ。ねえ」（笑い）

「また大阪に行きたいと思うことは？」

「いいえ、そういうことは思わない。ここは、みんながいい人で、環境にもめぐまれてるし」

「狙半内に来て楽しかったことはありませんか？」

「楽しかったこと？　楽しかったことって、やっぱりみんな元気で娘息子も孫もいるし、みんながいるのがいちばん楽しいと思うよ。みんな健康ということが楽しいよね」

箱メガネ「ムササビの復讐」（講談社漫画文庫）より

「狙半内の自然についてはどう思いますか？」

「ここですか？　自然はいいけれども、なんだか川の水が汚れてるよね。昔のようではないよね。もう少しきれいにならなくちゃね。そう思うね。昔は、子どもたちが川で水浴びしたりして遊んでいたでしょ。今はそういう環境じゃないものね。

　昔はカジカを一晩に〝箱メガネ〟で何百匹も獲ったなんて言っていたから、やっぱり今は環境が悪いんじゃないの。囲炉裏《いろり》で串に刺して焼いて食べてたっていう記憶があるから、今はやっぱりそれからすると、あんまり環境はよくないんじゃないの」

「これからは、自然を守るためにどう努力をしていけばいいと思いますか?」

「努力ですか?（笑い）川をきれいにするには、あんまり汚い物を流さないことでしょうね」

「おれらがやることだよ」

「そうだよね。ほんとに昔なんかはすごく狭い道を町まで一六キロも歩いてたもの。今は本当に幸せだと思う。みんな車で持ってきてくれるし。

　ここに来たときは、ほんとにびっくりしたんですよ。今のような家じゃないでしょう。煤《すす》がついているんだから。六月ぐらいだからゼンマイが採れる時期でね。ゼンマイを干したあの香りがねえ。雨が降ると、家の中いっぱいに干すでしょ。それがものすごい香りがするんですよ。嗅いだことのない香りがしてね。おじさんの家だったんですけどね。

　そういうところに来たときは、やっぱりびっくりしましたよ。ショックでしたよ。食べる物もないし、居候《いそうろう》だから、青春というものがなく育ったでしょ。今は幸せだと思うね。

わたしらなんかは勉強をしたくたって紙もなかったし、鉛筆さえないし、勉強する道具すらなかったんだよね」

高橋さんに雪のことも聞いた。五〇年前にここに来る以前は雪はほとんど知らなかったけど、初めて見ても感動するよりも、冷たくて辛くて、眠れなかったことしか頭に残っていない。でもここでは、昔、木材の運搬などに雪を利用したので、こういう土地には雪も必要だったと語った。

今は雪が必要ではない時代になってしまったうえに、除雪などにお金もかかる。けれど、雅昭君のお父さんと同じで、この土地のはっきりとした四季の変化はとてもいいと言う。雪下ろしなどの作業が大変だけど、それでもこの土地の自然が気に入っている。

高橋さんは逆に子どもたちに尋ねた。この土地にずっといるのか、それとも都会へ出ていくのか、と。すると、全員がこの土地に住み続けたいと答えたのには、高橋さん自身が驚いて、思わず「偉い！」と叫んだ。過疎化がどんどん進んで村の労働力のことも気になると言うが、これは高橋さんがこの土地を愛している証のように思えた。

「長男だから」という返答もあった。けれど、この土地に住むには、労働力があっても逆にその受皿の仕事のことも心配だと高橋さんは思った。

昔、雪の季節には仕事がなくて、ほとんどの男性が出稼ぎに出た。今は行かなくなったけど、こちらでも不況の影響が大きく、リストラなどされて、仕事がなくなっているという。

最後まで、高橋さんへのインタビューはとぎれとぎれだった。都会の子のはにかみとは少し雰囲気が違う。高橋さんはこの子たちの「引《ひ》っ込み思案《じあん》」を案じている。ここでは都会と違って、「人より自分」という競争心の必要がない。高橋さんは、ここではのびのびゆったりした子どもが育つ環境であることがとてもいいと考えていて、この土地の自慢でもあるのだが、「そんなことじゃ、東京へ行ったら負けちゃうよ」と、子どもたちの積極性や自発性の欠如が心配な様子だった。

高橋さんの話を聞いたあと、子どもたちは、カルタに土地の自然を描きたいと言った。「空気がきれいなこと」、空気を絵にするのが無理なら、「水だ」と言った。

12　矢口さんの返書に応えて

増田《ますだ》東小学校六年生の教室に、矢口さんからの返書が届いた。手紙を出した恵美《めぐみ》さんがみんなの前で読んだ。

「……どうでしょう、自分のふるさとをちょっと離れた所から客観的に見つめるにも、ちょっと大胆ですが、一度東京に来てみませんか？　そう、東京で道草をしてみよう……!!　そうすれば見えなかったふるさとの良さや、悪さ、本当の姿が見えてくるかもしれませんよ。ぜひいらっしゃい。矢口高雄」

「東京へおいで」という内容に、みんなは驚いた。大きなリアクションで「やったあ」と叫ぶ子はいないけれど、顔にはまんざらでもない気持ちが滲《にじ》んでいた。子どもたちの大袈裟《おおげさ》でない反応の仕方は、都会の子と地方の子の違いなのかどうかはわからない。たぶん、七人のグループが自然につくっているスタイルのようである。

恵美さんは突然のことでこの返事にびっくりしたらしいけど、「ここと東京との違いを知りたいから」と発言した。優太《ゆうた》君も「行きたい」、雅昭《まさあき》君も祥照《よしあき》君も「行ってみたい」、大地《だいち》君は「わかんない」とちょっと尻ごんだけれど。綾《あや》さんは唇をかみしめて考えている。電車が好きな匠《たくみ》君は、「電車……、行ってみたい」と言った。

自分たちの力で東京自由が丘の矢口さんのアトリエまでたどり着くことが課題になった。雅昭君は、「行きたいけど、自分たちだけというのはキツそう」とちょっと不安げな発言だった。

一月一〇、一一日の一泊二日。どのように行くかも自分たちだけで計画を立てる。電車の好きな匠君は、新幹線の名前も駅名も一人で発言している。まず、みんなで東京行きの方法を調べることになった。恵美さんや匠君は、時刻表や地図を調べた。雅昭君や大地君は、パソコンで調べている。パソコン画面に路線図を表示させている。こういう教室の光景も、都会の学校のように錯覚してしまう。外の雪を除けば。匠君は、電車図鑑まで開き、地下鉄・千代田線の車輌《しゃりょう》を調べて、とても嬉しそうだった。矢口さんのアトリエへは千代田線は利用しないのだが。

矢口さんのアトリエまでの行き方の相談が延々と続く。七人の相談はいつも簡単にはまとまらない。時刻表を繰りながら、なかなか予定の新幹線が決まらない。

自宅↓学校↓十文字《じゅうもんじ》駅↓（奥羽本線）↓大曲《おおまがり》駅↓（新幹線）↓東京駅↓（ＪＲ山手《やまのて》線）↓渋谷《しぶや》駅↓（東急東横線）↓自由が丘。

やっと自由が丘駅近辺の地図を調べるところまでたどり着いた。その間、迷子になることをみんなはしきりに気にしている。さ迷う時間の余裕をとる意見がしばしば出る。みんなけっこう慎重である。

子どもたちの「ふるさとって何だ?」という疑問から、矢口さんの提案で東京に出かける計画がこうして実現したのだった。

そのころ矢口さんも、村から東京に出てくることについて、思いを巡らせていた。

――東京のような都会というのは、季節のうつろいがよくわからないという一面がある。そういう点では、ふるさとは四季の移り変わりが非常に鮮明で、素晴らしいと思いますね。

例えば夏のカンカン照り、暑くて暑くてどうしようもないっていうような夏に、マンションの一室に四六時中たてこもって、クーラーをガンガン効かせて仕事をしていると、ふっといつの間にか夏が過ぎてるってことに気づく瞬間があるんだね。

自分の家からこのアトリエまで、運動も兼ねて歩いて通ってるんですけど、約七～八〇〇メートルもあるかしら。近所の庭先のアサガオの紺色がやけに鮮やかになってきたのを見たとき、「あれ、もう秋が始まってるよ」というようなことに気づいて、ぼくはこの夏何をしていたんだろう。夏の暑さも、はじけるような日射しも、ほとんど感じないまま、仕事に埋没して過ぎてしまったんだな、なんてことに気がつくんだね。

そうすると何かものすごく損したような気持ちになるね。まあ、こういう仕事ですからやむをえないんですけどね。ただ、そういうときに、ふるさとの人は、例えば農業をやっていたり、あるいは、小学生のみなさんは登下校したりして、「暑い暑い」ってこぼしながら、夏を過ごすだろう。秋になって霜が降りて、「寒いな、また嫌な冬が来るな」っていう具合に身構えたりするんでしょうけれども、そのことをぼくなんかは知らないで過ごしてきたりすると、ものすごく損した気分になってしまうっていうことは、きちっとその季節を肌で感じて生きることが素晴らしいことなんだよ、という発見にもつながるんでね。

逆に都会の生活にどっぷりとつかっていれば、今度は都会生活のよさみたいなものがあまりわからない。なんでこんな所であくせくしてるんだろうっていうことになるしね。そういうときに、ちょっと日常を離れて旅行をしてみるとか、もちろんそれは国内ばかりではなくて外国旅行なんかをしてみるということになれば、新しい自分が発見できることになるわけです。

いずれにせよ、ぼくたちは仕事やさまざまなものを通して、いったい自分というのは何だろうということを発見する。そんな毎日なんだろうけどね。

旅行するということは、新しい自分を発見する一つの手段ではあるわけで、でもそれは日常ではなく、非日常なんだね。そういうことでふるさとのよさっていうのもきっと発見できると思うよね。

静かな山里で生まれ育って暮らしている人たちは、夜になって静かなことは当たり前のこととして過ごしているんじゃないかね。しかし、海辺に住む人たちは、いつも潮騒《しおさい》がするわけだし、台風のときなんかは海が荒れ狂ってすごい音がするけど、海辺の人たちは海鳴りみたいなものをうるさいなどとは思わずに眠れるだろう。そういうときに、静かな山の中で暮らしてきた人は、なかなか眠れないということがあるんだね。

そういうことを知ると、今度は海辺の人たちが何を考え、どんなことを思って暮らしてるんだろうかっていうことを想像していくことになる。

今、ぼくは次の作品を描いてるんだけど、これはぼくなりのテーマの中で、三平君が谷川の源流にイワナを釣りに行くというドラマを描いている。ここでのテーマは、森閑《しんかん》たる山の中でキャンプをしながらイワナを釣る。一泊あるいは二泊する。これを描こうとしてぼくがいちばん最初に考えたことというのは、今の日本人の中で漆黒《しっこく》の闇を知ってる人がどれぐらいいるだろうかということ。こういう疑問のなかからドラマを発想している。

かつてぼくが自分のふるさとで子どものころを過ごしたときは、本当に「泳ぐような闇」というのを何度も体験してるんです。

泳ぐような闇というのは、あまりに闇が濃くて何も見えない。そんな暗闇の中を歩こうとすると、ふっとその濃い闇の中で自分の体が浮き上がるような感じになる。浮き上がるもんだから手で泳ぐように歩く。そんな体験を何度もしたんですね。そうすると五感が研ぎ澄まされてきて、人間の本来持っている「野性」みたいなものが体の中からワッと蘇ってくる。

こういうことを、特に今の少年少女たちはほとんど味わうことがない。どんな地方に行っても、夜になったら外灯は点いてるし、自動販売機は夜通しあかりを照らしている。そんなあかりが漏れてくれれば、もうそこは漆黒の闇ではないわけですよね。どんな地方に行っても、なかなか漆黒の闇を体験できない。闇を体験して得られるものというのは、ぼくたちが生きていくうえできっと何かをもたらしてくれるはずだという発想が、今描いているドラマなんです。

こういう闇を体験させてくれたふるさとに対して、ぼくは当然、感謝をしているし、その時代に生まれたということにもすごく感謝しています。

北海道の人なんだけど、あんまり雪が降るので、雪を肴《さかな》に酒を飲んでやろうというわけで、家を新築するときに、三面総ガラス張りの部屋を造った。ライトアップしながら雪が舞っている中でお酒を飲もうとしたけど、実はこれ、大失敗だったという。

なぜなら、その雪を眺めているうちに、ふっと船酔いのようなものを感じてきて、あんまりお酒が進まなかったって言うんだね。ぼーっと雪が舞って降り注いでくるところを黙って見上げていると、船酔いに似たようなものを感じるんだね。

昔の人は自然の環境のままに暗闇も雪の舞う姿も体験してきたと思う。だから、今日の人たちは、雪を友だちとしないで暖房に頼って生きていると、本質をついぞ見失ってしまうところはあるかもしれないね。

雪に対する恨みつらみというのは、ぼくにはすごく大きい。そりゃあ、今でも基本にはそのことがあるね。やっぱりあの雪を恨み呪った子ども時代、あるいは大人になってからもそうでしたけど、この雪から逃れるためにはふるさとを捨てなければならないんだというような発想に至ったときに、冒険をして東京に出てくることになったわけですけど。

だけど、失ってみて初めてあれほど嫌がっていた雪というものがすごく美しいものに見えてきたところから、ぼくのふるさとに対するこだわりが非常に強いものになっていくんです。

子どもたちが今度東京を訪れることについて、矢口さんは修学旅行を思い出した。

――戦後で打ちひしがれている時代だったけれど、東京は目覚ましい復興を遂げつつあった。そういう息吹みたいなものを体で感じてほしいということが、ぼくらの時代に修学旅行で東京を訪問先に加えたコンセプトだったと思うんですね。ぼくらはそこで初めて街頭のテレビで力道山《りきどうざん》を見て感動するわけだし。

当時ぼくらは一人で三合以上のお米を持っていった。そのお米は旅館で先生が集めて、旅館代をお米で払って、足りない分はキャッシュで払った。そういう時代だった。当時、お米は配給制だったから、旅館のほうでも田舎の生徒はお米を持ってきてくれるから助かるというような時代だった。

ああいう農村だから、お米のある人は五合も持っていった。すると、余るわけですね。それを先生が麻袋に入れて、銀座の裏通りの寿司屋やメシ屋にヤミ米を売ってぼくらの旅費を稼いだ。それが存外売上があったんです。

それで何をやったかといったら、特別メニューとして、神宮球場に連れて行ってくれて立教と明治の試合を見た。これには感激しましたよ。大学野球の六大学だから、応援団がリーダーのもとに一斉に応援する。この規律正しい応援を見て、学校に帰ったら自分たちの運動会でこの応援を取り入れようということにもなった。

いつかは東京に行くのだから、修学旅行から東京を外すという考えもわかるんですけど、ぼくらのころは、その一年か半年後に、卒業すれば集団就職なんかで東京に行く人がたくさんいたわけだけれども、学校の旅行で初めて東京を体験したことは、ものすごい自信につながったと思います。ああいうことはいいことだね。

当時、東京は眩しい存在だった。やっぱりみんな必ずお定まりのコースをバスで都内を巡りながら、最後には二重橋の前で記念撮影するんだけど、そんなのあまり記憶にないぐらい、他のことがカルチャーショックだったね。

旅館のロビーでのプロレス中継だったり、テレビを「電気紙芝居《でんきかみしばい》」と言って、鳩《はと》が豆鉄砲《まめでっぽう》くらったような目で、みんなそれを取り囲んでいるとかね。あるいは、ちょうどあの立教・明治戦は、長嶋が一年生で、まだ試合に出場していないぐらいのころだったんです。あのときの試合は四対三で立教が勝つんだけど、そのスコアまで覚えてるね。

これは後々、自分の作品の『蛍雪時代《けいせつじだい》』で、その思い出を描く場面になった。四対三というスコアはわかっていたけど、何回に何点入ってどうなったかということをさらに確認するために朝日新聞社に問い合わせて、当時のスコアと打順の縮刷版をとってもらった。そしたら、ラインナップは書いてあるけど、それが右バッターなのか左バッターなのかわからない。先発したピッチャーが右ピッチャーなのか左ピッチャーなのか、野球に興味がなかった時代のことだから、ぼくの記憶ではわからないし。

結局、いろいろな新聞社から情報を得ながら、最後は野球解説をやっていた当時の明治のエースだった秋山登さんに聞いたんですよ。秋山さんは、やっぱりすぐわかるわけ。絵でその試合を具現していくとなったときは、そういうことも調べないと描けない。これが文章だったら、右であろうが左であろうが、だれそれによって逆転打が出て、どうのこうのって書けば、それで済むわけだけどね。絵に描くという作業は大変な作業なんですよ。当時の神宮球場というのはどういうものかっていうのも、スポーツ新聞社から当時の写真をコピーしてもらったり、いろいろそうやって苦心しながら描いたんです。

そうそう、カルチャーショックと言えば、二重橋の前で集合写真を撮ったあと、そこにはやっぱり当時修学旅行生を相手にした出店がいくつかあったんです。そこでお土産にビニールの風呂敷を買った記憶があります。当時、一枚一〇円ぐらいだったかしら。ビニールという素材が出てきた最初のころでしたからね。そりゃあ、田舎《いなか》に帰ってビニールの風呂敷を近所にお土産として持っていったら、それがすごく珍しい時代だった。そういうのも、「いやー、東京だな」っていうような、やっぱりカルチャーショックだね。

それから何十年かして、ぼくはマンガを描くために上京してきて作品がヒットして、出版社の編集長に、「たまにはいっしょにメシでも食いましょうか？」なんて言われて、銀座だとか新宿に案内されるわけです。そうすると、矢口先生は田舎の出身だからということで、あんまりケバケバしい所は落ち着かないだろうから、今日はこんな所ですなんて言ってね。囲炉裏《いろり》に自在鉤《じざいかぎ》がぶら下がっているような炉端焼《ろばたや》き屋さんに案内されたことがあるのね。

その編集長はぼくに配慮して、そういう所なら落ち着けるだろうと案内してくれたんだけれども、肝心のぼくは子どものころから囲炉裏だの自在鉤などは見慣れた存在で、ちっとも嬉しくない。もうちょっと都会的なレストランとかに案内してくれればと密かに思ったこともあったけれども、これは案外似てるね。田舎の人だから田舎っぽい所に連れて行けば落ち着くだろうという配慮は、必ずしも田舎の人間にとっては有り難くないということだね。

矢口さんは、東京でのカルチャーショックをこのように語ってくれたけれども、狙半内の子どもたちは、今度の東京旅行、しかも自分たち七人だけで管理する〝修学旅行〟で、都会とのどんな差違を見つけ、新しいものを発見するだろうか？

13 東京への旅

七人で決めた東京への旅程計画。いよいよその出発の日になった。前夜は、持ち物の準備など、万全を期した。「初めてのおつかい」ならぬ、「初めての自力東京行き」である。もちろん、担任の先生もテレビのスタッフも彼らのあとを追うが、援助はしない。

早朝、狙半内《さるはんない》は未明の暗さの中で、雅昭《まさあき》君と大地《だいち》君は迎えに来たバスに乗り込んだ。途中で匠《たくみ》君も乗り込んできて、全員そろってまだ陽が上がらぬ十文字《じゅうもんじ》駅に着いた。

十文字駅から奥羽本線に乗る。子どもたちの手には、ＪＲの「十文字→東京都区内」の切符がある。大曲《おおまがり》で新幹線に乗り換える。乗り換えには時間的に十分な余裕が取ってある。トイレにも行った。ホームに降りると、大曲でもまだ雪が降り続いていた。

予定通り「こまち八〇号東京行」に乗車し、指定席に着いた。発車した新幹線の車窓を横切って走るのも、もちろん一面雪景色である。車内検札のあとで、男子四人はカード遊びを始めた。車内販売で弁当を買う予定だったが、尻ごんで販売員の女性に声をかけられず通り過ぎてしまう。「また戻ってくるから、そのとき買おう」となって、二度目には無事全員の弁当が買えた。

矢口さんにカルタづくりの状況を説明するための打ち合わせをした。まだできていないカードは、東京を見学して、自分たちの土地と違うところを見つけて、それで狙半内の何を描くかを決めることにした。

匠君は、じっと窓の外を眺めることに熱中している。弁当を食べ終えたころには、窓の外にもう雪はなくなっていた。「上野」のアナウンスを聞くころ、匠君は、在来線の寝台列車をいちはやく見つけていた。間もなく東京終着で、心なしか子どもたちはそわそわしている。「終点だから、降り忘れない」と、やはり迷子を気にしている。

東京駅到着。新幹線改札の内側で、山手《やまのて》線のホームを探すのにみん

なウロウロしているが、かといってあわてている様子でもない。だれもリーダーにならないので、ゾロゾロと一団となって構内を歩きながら探している。なかなか見つからない。やっと新幹線改札を出る。そのあとすぐに五番線「渋谷《しぶや》方面」の案内板を見つけた。

東京駅ではすいていた山手線の車内もしだいに混雑してくると、子どもたちは無口になっていた。

渋谷駅では東急東横線に乗り換えなければならない。ところが、東横線の改札口を見つけるのも、切符を買うのも、自動改札を通るのにも手間どった。ここまで来て、改めて地図を広げ、みんなで相談している。だれかに聞こうとすることもできないのか、しないのかわからない。ようやくのことで東横線を見つけた。

自由が丘駅から矢口さんの家を見つけるまでも時間がかかったが、目的地はもう目の前だから心配顔ではない。無事到着。インターホンを押すと、矢口さんのやさしい笑顔に迎えられた。

矢口さんの応接間で、ケーキとお茶をいただいて、東京への旅の様

子を報告した。それからカルタづくりの進み具合と、それぞれが予め考えていた描き方などについての質問を矢口さんにした。

矢口さんは応接間に面した庭を示しながら、子どもたちに語り始めた。

――ぼくは、この庭に中村の山の林をつくろうと思ったの。それでずいぶん向こうから木を持ってきた。わたしの実家の庭にあるグミの木を持ってきて植えた。あそこで、ちょっと花の芽が膨《ふく》らんでいるのは、ちょうど中村の吉田商店の真向かいの山から採ってきたマンサクの木で、もう少しで黄色い花が咲くよ。

こうやってミカンとかリンゴとかを木に刺しておくとね、いろんな鳥が来るんですよ。「あっ、変わった鳥が来てるな」と思えば、すぐに鳥の図鑑をひろげてね、「あれは何ていう名前だ」なんて、鳥の名前を覚えたりね。メジロとかムクドリだとか、もう少しすると、ヒヨドリも団体でやって来るね。それからインコなんかは、もう日本に定着してしまっているよね。

この庭に奥羽山脈の木を植えたのは、ぼくの作戦なんだよね。というのは、「桜前線《さくらぜんせん》」といって、桜の咲く地域が一日に二〇キロずつ日本列島を北に進んでいくんだよ。東京と秋田の距離というのは、約六〇〇キロなのね。一日に二〇キロずつ進むとすると、六〇〇キロ進むには三〇日かかる。だから、東京で桜が咲いたちょうど三〇日後に秋田で桜が咲くことになる。ちょうど一か月ずれているわけね。

それでぼくはここに奥羽山脈の木を植えて、春になると芽が出たり花が咲いたりしているのを見ながら、ふるさとをテーマにしたマンガを描くわけです。本というのは、だいたい出版される一か月前に締め切り日があるので、遅くとも一か月前には描き終えてなければいけない。そうすると、東京で桜の花が咲いたのを見ながら描いていれば、その本が発売されるときにはちょうど秋田で桜の花が咲いているというように、大変都合がいい。そんな季節の移り変わりをこの庭で見ているんだよ。

いよいよ、みんなが東京に持参した読み札を、矢口さんが一枚一枚ていねいに検討し始めることになった。

雅昭君の「サンショウウオ　食べれば体にいいですよ」の句に、矢口さんは苦笑して、自分の経験を語った。子どものころにサンショウウオを飲み込んだことはあるが、それは度胸だめしのようなものだったという。この地でサンショウウオを食するのは一般的ではないので変えたほうがいいだろうとアドバイスした。雅昭君のサンショウウオは、学校近くの渓流で見つけたあのサンショウウオの絵で、体にいいことはおばあさんから聞いたのだった。

みんなの句には場所がわからない読み札が多い。なるべく狙半内の場所を特定できるほうがいいとのアドバイスもあった。

絵札のほうも全員の一枚一枚に、とてもていねいにコメントしていくがなかなか厳しい。匠君の「クマ注意」の絵と字札に矢口さんは感心した。「これは狙半内の特徴だ」。「人も車もクマに注意」も本当だ。矢口さんの体験では、車でクマを轢《ひ》いて、新車にもクマにも傷がついた。けれど、被害者のクマが事故を証言してくれないために車輌保険がおりなかったらしい。

大地君が描いたスキーの直滑降《ちょっかっこう》の絵も矢口さんは喜んだ。この絵にもっとスピード感が出る描き方をアドバイスしながら、補助線を描き入れた。文字の句は、このスキーをしているのがはっきりと狙半内とわかる「天下森《てんがもり》」の地名を書いたほうがいいだろう。

真剣で厳しいアドバイスのあと、矢口さんの自宅近くにあるアトリエに場所を移した。アトリエのスタッフの机を借りて、みんなは絵を描いた。プロの制作現場での実技指導だ。矢口さんはそれぞれの絵一つ一つに細かなアドバイスを与えた。とにかく具体物にこだわれ、ということだった。

文字札はアイウエオ順に整理して、欠番を確認する。全部の文字カードが埋まらないとカルタは完成しない。

宿に帰ってからも、夕食を終えたあと一室に集まって、文字札の検討を続けた。矢口さんのアドバイスを参考にして、文字札を再作成していった。このときの子どもたちの作業もとてもまじめなもので、この修正や新作のがんばりによって、文字札の完成度は一気に高まった。

翌日もまた矢口さんのアトリエに行って、絵を描く作業の続きをした。この日は、一人一枚の絵の取り組みだ。一人一人に矢口さんのアドバイスやお手本が示されて、絵はしだいにできあがっていった。カルタの完成をめざして、背景の処理や、字札の字の位置、大きさなどのルールも決めた。ここまでくると、子どもたちにも迷いが少なくなったのか、熱中して作業がどんどん進む。祥照君の「草花をよく見てかこう観察会」の絵札、キクザキイチリンソウの絵が完成した。

綾さんも、直接矢口さんの指導を受けて、とても嬉しそうな表情になる。絵に残ったスペースに矢口さんが鳥の絵を描き添えたのを見て、綾さんはとても喜んでいる様子だった。矢口さんが描いてくれた鳥の絵の下描きをなぞる手の動きはとても速い。

この日の昼食は、回転ずし。子どもたちの町の中心部にも回転ずしはあるだろうけれど、これもまた、都会の食生活の一面の見聞にはなるだろう。食欲もなかなかいい。

東京での授業のまとめとして、矢口さんは恵美さんの質問に答えた。

——恵美ちゃんから「矢口先生にとってのふるさとというのはいったいどういうことですか」という質問がありましたので、それに答えてみたいと思います。

ぼくにとってのふるさとというのは、今では本当に心の支えとしか言いようがないぐらい大きな位置を占めてるんだけれども、みなさんぐらいのころ、あるいは中学生、高校生ぐらいのころまで、ぼくはふるさとをむしろ恨《うら》み呪《のろ》っていました。

いちばん大きな原因は、あの深ーい雪だね。雪というのは寒くて冷たくて辛くて疎《うと》ましいばかりのもので、頼みもしないのに降ってくるし、積もっちゃうし。それから東京の人や南の人たちが味わうことのない雪下ろしや雪かきなどという重労働を伴ってくる。

そして何よりも寒いから、東北地方の〝ズーズー弁〟というのが発達したんだと思う。寒いからあんまり口を開けないで短く縮めてものをしゃべる。そういうことがズーズー弁につながったと思う。

そんなことから、自分の生まれたふるさとっていうものに対して大変な恨みつらみを持っていたわけです。でも、それがあるときに変わったんだね。

矢口さんはそう言って、東京で発見したふるさとの雪のことを話した。

——ぼくにとってはあの嫌だったふるさとが、今では本当に心の支えみたいに思っているし、ふるさとの人々が今日よりも明日、明日よりも明後日、今年よりも来年、再来年、もっともっと豊かに幸せになってほしいなと思ってるんです。

君たちは東京に本当にわずかな時間しか滞在できなかったわけだし、電車の中からチラチラと見るぐらいしか東京というところを見ないで帰ってしまうんじゃないかと思うと、とっても残念で、時間さえ取れれば銀座とか渋谷だとかへ行ってみんなに楽しんでほしいなと思いましたけれども。

14　ふるさとと東京　そして今昔

東京から子どもたちが無事ふるさとの村に戻ったころは、すっかり陽が落ちていた。家族が十文字駅まで迎えに来ていた。家族はやっぱり子どもたちのことが心配そうだったが、これからそれぞれの家に帰って、東京での出来事を報告するだろう。

帰郷してほとんどの子どもたちは、「雪を見て安心した」と言った。また、どこの家族も、この子たちの東京行きの体験を喜んだ。祥照《よしあき》君のお母さんも、今までは家族で旅行もしていないし、祥照君が一人でこの土地を離れたこともなかったので、この体験についての意義は高いものだと思っていた。

養護学級の綾さんは、もちろん子どもたち自身の計画に沿って六人の同級生との統一行動だったが、後ろから見守る担任の先生やスタッフといっしょに綾さんのお母さんも同行していた。とりわけ

恵美《めぐみ》さんは、七人の行動のなかでずっと綾さんのそばにいてくれた。この綾さんの東京行きの体験は、お母さんにとってはとりわけ嬉しいものだった。十文字駅でお母さんはそのことを語った。

「すごく貴重な体験をさせてもらった。嬉しい。今は別世界に行ってきたような感じです。

綾といっしょに旅行したのは生まれて初めてなんです。この子の家から離れた姿というのは今回初めて見たんですよ。

矢口さんのアトリエで、面白そうに絵をなぞって描く姿も、水彩ペンで描くところも、あんなにいきいきとした姿をわたしは初めて見ました。この子はしゃべれないし、聞いても返事できないから、自分でこの子はこうだろうなってずっとそう思ってるしかなかったんだけど、態度で返事をしてくれたような場面を見つけられました。

それから、他の子どもたちが面倒を見てくれたり、まとまって助けてくれたりとか、他の場面ではまず、みんながまとまるということはありえないですよね。それもすごく嬉しいですよね。だから七人いて、七通りのやさしいところを見つけたような感じです。

わたしも貴重な体験をさせてもらったし、勉強になった。先生もよくしてくれるので、何にも言うことないです。最高」

綾さんに向かってお母さんが「なあ、よかったよな」と顔をのぞき込むと、綾さんはほっぺを紅くして、ニコニコしながら体を揺するのだった。

「綾ちゃん、よかったよなあ。恵美ちゃんもすごくやさしかったよな」と、お母さん。

「娘の力を見直しました。この子はこれぐらいしかできないだろうとずっと思っていたのに、それ以上のことができるようになった。それはかおる先生のおかげ。それから子どもたちも学校の先生もそうだし、うちのじいちゃんばあちゃんもそうだし、みんなが助けてくれたからだとわたしは思うんですよ。

わたしは働きに行っていて、本当だったらいちばんそばにいなければいけない立場なんだけれども、少ししかいっしょにそばにいてやれないから、だからみんなに感謝をしています。すごく嬉しいです。貴重な体験させてもらってありがとうございました」

東京旅行の感想について、子どもたちは、後日、矢口さんに手紙を書いた。

佐々木雅昭

矢口さんへ

先日はお世話になりました。矢口さんの家に行くとき、ぼくたちは十文字駅から迷ってしまい、ぼくは東京駅からが不安になりました。だけど、東京駅からは七人協力して、矢口さんの家まで行くことができました。

東京に着いたときの印象は、にぎやかで、ふるさとにはないものでした。東京は、車、バイク、電車などがたくさん通っていて、何か落ち着きませんでした。ふるさとにはあって東京にないものは、自分を落ち着かせるようなものだと思いました。だけどそれは何かはよくわかりません。

矢口さんはいっしょに読み札を考えてくださいました。また、矢口さんから一人一人の絵を見ていただいたおかげで、カルタづくりの大変さと、ていねいに上手に仕上げることを学びました。

ぼくは最初にサンショウウオをただ描いただけでした。矢口さんが、人がサンショウウオを食べるところをすぐ描いてくれて、さすがは矢口さんだと思いました。これからカルタを描くときは少しでも矢口さんに近づけるようなカルタを描きたいと思います。

矢口さんへ

加瀬谷恵美

矢口さん、お元気ですか？　矢口さんから手紙をいただいて、東京へ行くと聞いて、六年生全員とてもびっくりしました。新幹線の窓から景色を見ていると、だんだんと雪がなくなっていきました。そして町並みや人がどんどん増えていきました。東京に着いたら、もう狙半内とはぜんぜん違う、雪のない街になっていました。

矢口さんのアトリエに行って、色の塗り方を教えてもらいました。矢口さんは自分の思ったような色をつくっていて、すごいなあと思いました。

今までカルタづくりでは、ものを正確に描くということに注目していました。でも、あらたに背景を描くということになりました。

そこでカルタづくりで、今、悩んでいるところがあります。それは周りの景色をどんなふうに描けばいいのか。どんな絵を描けばその絵の雰囲気が出てくるのかがまだよくわからなくて困っています。矢口さんのマンガを読んでみたりしたけど、どうしたらいいのかわかりませんでした。

東京から狙半内に帰ってみると、やっぱり雪が降っていたほうが落ち着くなあと思いました。それに家に帰ると、あたたかな声をかけてくれる家族がいるから、やっぱり狙半内がいいなあと改めて思いました。

矢口さんへ

佐々木大地

矢口さん、この間は東京に誘ってくださってありがとうございました。ぼくたち六年だけで、東京に無事行けてよかったです。でも、実は東京に六年だけで行くのがすごく不安でした。

そして、当日、いきなり十文字駅で迷ってしまいました。このとき、本当に自由が丘まで行けるかどうか不安になりました。何とか新幹線に乗ってみんなで遊んでいると、仙台あたりから雪がほとんど残っていませんでした。そして、自由が丘に着くと、景色が春か秋のようでした。ぼくは東京は雪がないとは知っていたけど、まさかこんなに雪がないとは思いもしなかったです。

そして矢口さんのアトリエに着いて、言葉を考えたとき、カルタは絵だけではなく言葉も大事だなあということがわかりました。今までぼくは、言葉をけっこう簡単に考えてきたけど、考えて、言葉で絵をうまくあらわさなきゃいけないなあと思いました。ぼくはこの調子で気合いを入れてカルタづくりをがんばりたいと思います。

矢口さんへ

千葉祥照

最初のうち、ぼくはあまり東京に行きたくなかったです。雪のないところが想像できなかったからです。でも新幹線に乗ってだんだん東京が近づくにつれて、だんだん雪がなくなってきて、福島あたりに着くともう雪がなくなって、秋っぽい感じがしました。雪のないところの冬は秋っぽいのかなと思いました。

ぼくが東京に行っていちばん心に残ったことは、夜暑くて、一時まで眠れなかったことです。東京は冬なのに雪のないぶん、夏のように感じました。もう一つは電車がすごく混んでいたことです。駅に停まるごとに一回ずつ降りなくてはいけなかったので大変でした。

今はまだカルタはあまりできていませんが、言葉と分担は決まっているので、早く絵をでかしてカルタで遊んでみたいです。

矢口さんへ

高橋優太

この前はお世話になりました。自由が丘に行くまでは「こまち」で行きました。そのときだんだん雪が消えていきました。仙台まで来るとほとんど雪が消えてなくなっていました。雪国では信じられなかったです。

「こまち」を降りてからは、ワクワクよりも本当に着くのかが心配でした。自由が丘に着くまでは電車に乗るとき迷子になりました。地図で調べてきた場所だといっても、知らないところで矢口さんの家を探すのは大変でした。矢口さんの家に着いたらホッとしました。東京はにぎやかでした。でも少し落ち着けなかったです。

ぼくは最初カルタをつくると言われたとき、驚きました。ぼくは絵が苦手ですごく嫌いでした。でも東京に行って、カルタを描いてみて絵を描くのが楽しくなりました。これからはどんどん描いていきたいです。

東京に行ってふるさとを見直してみると、ふるさとはいちばん大事な場所なんだと思います。それがないと心に大きな穴があいたような感じになりました。ぼくはふるさとがわかったような気がします。

矢口さんへ　　　阿部匠

東京に行ってから、もう一週間経ってしまいました。ぼくは電車が好きなので、たくさんの電車を見ることができて、とても楽しかったです。ぼくは東京に行くことになって、心配なことがありました。それはぼくはトイレに何度も行きたくなることと、朝と夜に薬を飲まなければならないということです。トイレは「こまち号」ですませました。修学旅行ではトイレから出るのに困ってしまいました。でも今日は自分でトイレをすませられました。

夜寝るときは、祥照君が寝る前に声をかけてくれて、自分でトイレに行くことができました。また、薬は夜も朝も自分で気がついて飲みました。家に帰ってからも自分で飲んでいます。ぼくはこの二つのことが自分でできるようになってとてもうれしかったです。自分に自信がつきました。

カルタづくりでは、ぼくは電車が好きなので、矢口さんのアトリエで電車の音が気になってしまいました。ホウの葉の色を塗るとき、ぼくは茶色を塗ると思っていました。枯れ葉を描くのだからです。でも、矢口さんは黄色を塗ろうと言われました。塗ってみると、とてもきれいな色になりました。そのあとに枯れている様子を茶色や黄緑で塗りました。

できあがりを見ると、枯れている葉を描いた絵はとてもやさしくて、きれいな絵になりました。うれしかったです。これからカルタの絵を描くときにも、楽しく描けそうです。ぼくは残りの絵もがんばっていきたいです。

奥山綾（代）

矢口さんへ

矢口さん、お元気ですか？　私たちは元気です。

昨日からスキー学習が始まりました。矢口さんもスキーをしにいらっしゃいませんか？

東京ではお世話になりました。うちに帰ってきてからガマズミの絵をおじいちゃんやおばあちゃんに見せました。矢口さんが描いてくれた鳥のおかげでガマズミが生きているなあ、とみんなが言いました。鳥に色を塗ろうと思いましたが、この鳥はなんという鳥なんだろう、どんな色なんだろうと考えました。

図鑑を見てみました。スズメ、ムクドリ、オナガ、メジロ、ホオジロ、ヒバリ、ヒヨドリなどたくさんありました。でもどれなのか、まだわかりません。

残りのカルタのことを相談しました。わたしはメメンコの絵を描くことになりました。矢口さんのマンガを参考にさせてもらって描きます。祥照さんが、どの場面にしたらいいか、探してくれました。本物のメメンコが見れるころにはカルタは完成してると思います。そのときにまた矢口さんに会えるのですね。それまでみんなでがんばります。

――いかがですか？　子どもたちの東京の感想は？

うん。みんなが一同に言ってるのは、東京は人混みが多くて、賑やかすぎて落ち着かない。だから、自分のふるさとに帰ってくるとホッとして落ち着くよ、ということですよね。

ぼくも上京してから二年三年と東京に住むうちに、ときどきふるさとへ帰って、また東京の我が家に帰ってくるとき、上野あたりで東京が近くなってくると、東京の排気ガスの酸っぱいような独特の大都会のにおいがあるんだけれど、あのにおいがしてくると、懐かしいというよりも、やっと我が家に帰ってきたなと、ホッと落ち着くようなものがあるんですね。だから、やっぱり落ち着く場所というのは、住めば都みたいなことでね、東京の人は東京に帰ってくれば落ち着くし、田舎の人は田舎に帰ってくれば落ち着く。そういうものでしょうね。

でも、子どもたちの感想はよくわかりますよ。年がら年中ネオンが煌煌《こうこう》と点いていたり、夜の夜中まで踏切の音がキンコンカンコン鳴っていたりすると、ぼくも胸騒ぎがして落ち着かないというようなことが最初のうちはありましたけれども、そのうちにそれが子守歌みたいになってね。アナウンスが聞こえて今日の最終電車なんだなあ、なんて思うと、「よし、これからもうひとがんばりして」なんていうようになったりして。今では狙半内に帰ると、かえって静かすぎて目が冴えてくるようなところもありますね。

いつかハワイに行ったときに、あれはハワイのカウアイ島で、海辺のシーサイドホテルだったんです。それで、夜通し潮騒の音が聞こえるわけですよね。あれはなかなか眠れませんでした。ぼくはやっぱり山の中で生まれた人間なんだなあってつくづく思ったんですけどね。だけど、海辺で育った人は、あれを子守歌にして聞いてるわけだから、落ち着いて眠れるんでしょうね。

人間というのは、それぞれの環境によって、それぞれに落ち着く場所があるんだね。

――狙半内で落ち着かないというのは、もう東京の人になってしまったのでしょうか？

そうだね、現象的にはね。でも、心の底からはなってはいないだろうね。やっぱり雪の中で生まれ育った人間であるということは、ずーっと、おそらく一生消え去ることのないものだと思います。そりゃ、ぼくの先祖もずーっと、何百年あるいは何千年、ぼくがこうしてここに生きているっていうことは、ずーっと昔から先祖が生きてきたわけだから、そういう雪国生まれの雪国育ちであるという遺伝子がくっついてまわってると思うんですね。

――子どもたちの雪に対する考え方が、矢口さんが子どものころと若干違う感じがするんですが。

若干どころではなくて、大きく違いますね。ぼくたちのころは、真冬に学校に行くときは、道がない所を最初に道をつけながら歩いて登校したわけです。そういう体験はあまりしてないだろうと思うんですね。そういう体験の有無で、雪に対する辛さとか、疎ましさの感じ方がものすごく変わってくると思いますね。

今は、雪かきは雪をラッセルのようなもので吹き飛ばして除雪をするのが当たり前になってるんだけど、ぼくらのころはそんなことをしてる余裕がなかった。余裕がないくらい雪が積もるわけだから、踏み固めて道をつけるというのが基本でした。それぐらいの様変わりはあるんじゃないかしらねえ。

――矢口さんが子どものころ恨みつらみに思ったという感じを、彼らは持ってないですよね。

そうですね。ぼくのような雪に対する恨みというものはあまり感じられないですね。そこのところがやっぱり変わってきたんでしょうね。家でも学校でも暖房設備がいい。それから、登下校するときだって、ぼくらのときは角巻《かくまき》をマントのように羽織っていったわけですから、ずいぶん保温効果も悪いですよね。

あのマントの裾をずるずるとひきずったりすると、雪が固まってツララのようになった。そんなことが一冬に一度や二度のことではなかった。でも、雪があるということが、ホッと落ち着くのは基本的にはぼくも同じです。

雪のない正月なんてのは考えにくかったですからね。本当に人間っていうのは慣れちゃうと慣れるんだねえ。しかも、楽なほうに楽なほうに慣れちゃってね。ちょっと寒いと、何かイヤだなと思うしね。でも、東京に一〇センチとか二〇センチとか雪が急にドッと積もったりして、あちこちで滑って転んでお尻を打ったの、骨折したの、あるいは交通が麻痺してしまったなどということが、年に一回ぐらいずつあるけれど、そんなときは自分も東京に住んでいながら、東京の人に対して「ざまあみやがれ」っていう気持ちはあるもんね。

雪に対しての備えがないもんだから、「あなたがたは格好ばっかしつけてね、雪が一〇センチ二〇センチ積もったときに、ハイヒールを履いて会社に出かけるからそんなことになるんだよ。ぼくの村じゃ長靴を履いて行くのがごく当たり前なんだよ」「格好なんか気にしてる場合じゃないんだよ」っていう、やっぱりそういうものはあるね。たかだか一〇センチぐらいの雪で機能が麻痺してしまうなんてね、ざまあみやがれっていうね。おれたちの苦しみがわかったかっていうようなね。東京人をもう三二、三年やっていながらも、いまだにそういう気持ちはあります。

――矢口先生の目に、あの子どもたちはどんなふうに映ってるんですか?

山里に住んでいるんだけど、みんなそれぞれ、テレビっ子だったりゲームをやったりしていて、それから服装なんかもぜんぜん都会の子たちと変わりないし。まあ、自分たちだけのときには方言で話すんだろうけど、人前で話すときはちゃんと標準語で話ができるからね。

そういう面ではやっぱりぼくらが子どものころとはずいぶん違うね。子どもたちは、都会に対してぜんぜん引け目を感じることもないみたいだしね。むしろ、スキーができたり、山の草花や鳥とかを実際に見て知っていることは、都会の子どもたちにはすごくうらやましい存在に見えるだろうね。

――子どもたちも狙半内の自然を好きだと言うけど、川にしても、矢口さんの子どものころとは明らかに違いますよね。

かなり護岸されていたり、それから、道路も整備されています。それと、ぼくらが子どものときのように、川に立ち寄って川と親しく接するということがだんだん少なくなってるのかなあ。川岸の柳にせよ葦にせよ、ボウボウと生えてたもんね。

ぼくらの子どものころは牛馬を飼っていたので、農家の人は牛や馬の毛並みを手入れするときには必ず川に連れていって、よーく体を洗って拭いてやるのが日常茶飯事でした。夏になりゃ、水を利用するのは、もっぱら川しかないわけですから。プールなんてないわけですから。「高学年が低学年を指導する」みたいなことは、順送りにごくふつうのことでした。小学校五年生ぐらいになれば、釣り橋から飛び込むという、度胸だめしのようなこともありました。今でも、橋から飛び降りることを勇気の証みたいな意味でやってますよね。

ああいうものが育むことというのは、ぼくはとっても大切だなって思うね。ぼくらも、そうやって先輩に連れていってもらって、犬かきから教わりました。そうやって実際の川で泳ぎ方を覚えるとやっぱり本当の実力になりますね。

――自然も矢口さんが子どものころとは変わっていると思うんですけど。

ホタルが最近は復活してきた。「ホタルを見に行こう」と、三年ぐらい前にわざわざホタルを見に一晩行ったことはありました。一時期パタッとホタルもいなくなり、それからトンボも少なくなって大変だった時期がありましたが、それは、農薬の空中散布が始まってほどないころのことでした。

今は蚊帳を吊らなければ眠れないような家は一軒もないです。ハエはブタ小屋なんかがあると発生しますけど、ぼくらが子どものころは、例えばお昼ご飯を食べていて、ご飯を食べかけでちょっとトイレかなんかに立つと、もう白い茶碗の上に真っ黒いゴマでもふりかけたようにハエがとまっている。今はそれさえ見かけることが非常に少なくなっている。

ああいう時代は懐かしいんだけれども、戻りたくはないね。

15　再び「おらが村」でのカルタづくり

雪下ろしを手伝う優太君

「お手伝い　雪かきがんばる　おれえらい」

優太君の家は、狙半内でも最も山の奥に位置して、スクールバスでも最も遠隔地の通学だ。おばあさんの時代は、リヤカー一台が通れるかどうかの狭い道で、車道ができたときには、おばあさんはリヤカーを買ってもらったそうだ。

優太君の家は古い。江戸時代から人が住んでいたらしい。しかし今、この地区で優太君のような子どものいる家はあと一軒しかない。多くの家が下の町へ下りていった。昔はみんな炭焼き仕事があったが、今は売れない。廃屋が雪に埋もれている。

雪下ろしをする優太君の姿があった。笠をかぶったおじいさんもいっしょだ。お父さんは、会社勤めで雪かきはやらない。この地区

では、雪かきは一冬しょっちゅうやらなければならない。だから優太君の手伝いがかかせない。

カルタの一枚には、雪かきをする自分の絵を描いた。

「ぬくもりは　祖母の作った　あずきでっち」

おばあさんは、昔から伝わる方法で小豆《あずき》のお菓子をつくった。

「昔は何も楽しいことねがったもん」と、雪下ろしから帰ってきたおじいさんが小豆でっちを見て呟いた。

優太君はこの小豆でっちもカルタの絵にした。

「かんじきを　はいて登った　雪の山」

おじいさんは小学校の廃校には反対だ。スクールバスで町の学校に行くといっても、二〇キロの道のりで、朝六時に家を出なければならない。「バスに乗ったにしろよ、一年生の体にしてみろっての。二〇キロも車に揺られて勉強なんかしてくるわけねえよ。オレなんば、そう思ってるよ」

優太君は、おじいさんに描きかけのかんじきの絵を見せた。すると、おじいさんの最も気にしていたツメの部分が間違っていると言って、優太君にていねいなアドバイスをした。優太君自身も、このかんじきを履いて雪山を歩いたことがある。

「樹木園　山の教室　ログハウス」
「すっぱいな　ガマズミの実よ　赤い実よ」
「めめんこが　きらめく小川で　春告げる」

樹木園は、綾さんの六年間の中で楽しい思い出だ。ログハウスの絵もガマズミの絵も、綾さんは熱中して描いた。

綾さんのことをお母さんが話してくれた。お母さんは昼間は勤めに出ていて、帰るまではおじいさんおばあさんが綾さんといっしょにいる。

学校から帰ってくると、まずいつもどおりにおやつを食べて、こたつで暖まるともう眠くなって寝るのがいつものパターン。また、物が定位置にないとどうも落ち着かないみたいで、一生懸命物を整理整頓する。あるいは、外に出て景色をしばらく見て、寒くなると入ってきて、こたつの中に入って暖まる。おばあさんがいないすきを狙って台所に行ってつまみ食いをする。それで、おばあさんに叱られるけど、でもぜんぜん怖くない。

綾さんは、お母さんに指導されて新聞の見出し文字を題材に発声練習をするのが日課となっている。

あと一か月で卒業で、綾さんの進路についてお母さんはいろいろ悩んだ。先生のお勧めは、ここから八〇キロぐらい離れた養護学校だった。でも、そこは寮だから、金曜日に迎えに行って月曜日の朝早くに送っていくような状態である。

「できないことはないんだけど、冬になったときのことを考えると、わたしには無理」

ここから二〇キロぐらいの所にも養護学校があるが、スクールバスがこっちのほうは走らない。だから学校まで送り迎えをしなければならない。近いことは近いんだけども、やっぱりこれもちょっと無理。

横手養護学校も見に行った。そこは小さいころから知っている子たちがいっぱいいて、親も子も知っているから、お母さんとしては心強い。それでここに決めようと思っている。

小学校は増田東小学校に六年間通わせたことをよかったとお母さんは思っている。綾さんの小学校入学に際しては、けっこうきついことを言われたこともあったので、「何くそ、負けたくない」という気持ちでがんばってきた。

お母さんは、狙半内を離れて秋田市のほうに三年間ぐらい住んだことがある。でも、市内よりもこっちのほうが人がやさしいと思った。帰って来た当初はホッとはしなかったけど、それから少しずつ徐々に徐々にという感じだった。

ここは綾さんにとっても住みやすい場所だとお母さんは思っている。

「今は周りが雪だけなんだけども、春とか夏になると、綾は山菜を採ってきて、そのあとの始末というか、手入れをきれいにやってくれる。それはもう、大人顔負けというか。外の仕事も草むしりなんかもきれいにしてくれて、綾は都会よりも田舎のほうが向いていています。夏になるとわかりますけど。綾は冬よりも夏とか春のほうが好きなのかもしれないですね。自分の子どもを褒めるわけじゃないけど、それなりに草むしりとか手先が器用なの。ワラビとかゼンマイのワタを取ったりとか、葉っぱを取るのも上手なんですよ。だから、みんなで『綾、これ頼む』って言っています」

お母さんはこの土地に綾さんとずっといたいと思っている。綾さんがいて、お母さんは強くなったと思っている。

「この人は助けてくれないだろうなと思うような人が意外に助けてくれたりした。綾のような子どもを持つと、人の性格が見えるというか、けっこう世の中が見えますよ。まだまだ世の中は、障害者をよく見てないね。綾を生むまでは、やっぱりわたしもいい目では見てなかったけれども、いざ自分がそういう子を生んだら気持ちがわかりました。やっぱりふつうの子どもよりも一生懸命やってもその結果が出るまでに時間がかかるじゃないですか。一生懸命やる姿がなんともかわいくて、やっぱり手放せないですね」

「さんしょううお　食べるゾ勇気の　見せどころ」

「ケンカした　学校帰りは　ススキ道」

「四年間　打って守って　がんばった」

雅昭君のサンショウウオのカルタは、東京のアトリエで矢口さんからアドバイスを受け、矢口さんのマンガのキャラクターを使わせてもらった。スポ少（スポーツ少年団）での野球も小学校の思い出だ。

雅昭君のおじいさんは、矢口さんの一年後輩である。いっしょに遊んだこともある。高校では矢口さんは普通科だったが、おじいさんは農業科で自転車で朝早くいっしょに登校した。自転車で三〇分ぐらいかかったけど、たいしてきついと思ったことはない。当時のこの土地の様子は、矢口さんのマンガのとおりだという。

今の子どもたちを見ていると、家の中に閉じこもってゲームばかりをしている。それで何をやらせてもすぐ疲れてしまう。自分の子どもたちは三人とも女の子だったけれど、雪下ろしもずいぶん手伝ってくれたのに、今の孫たちはだめだという。自分が小学校のときは帰り道でどこか泳ぐ所があればそこで泳いで、また次の所へ行って泳いで、そうやって帰ったものだった。秋になると、矢口さんと同じようにアケビなどを採りながら道草して帰った。そのときの水はきれいで、飲んでももちろん大丈夫だったけれど、今はカジカもいない。川の汚れのひどさをおじいさんはとても嘆いていた。

昔と比べて変わったことといえば、茅葺《かやぶ》き屋根がなくなったことだ。狙半内では雅昭君の家が平成八年まで最後の茅葺き屋根だった。

「みちばたに　人も車も　クマ注意」
「レールはずむ　松島行きの　修学旅行」

匠君のおばあさん

「ほうの葉が　虫に食われて　ぼうろぼろ」

「クマ注意」の絵は、東京で矢口さんに褒められたものだ。道草で描いた「ほうの葉」の絵も、矢口さんに色を指導してもらって、すごく気に入ったものになった。修学旅行で撮った電車のお気に入りの写真からも一枚の絵にして、思い出深いものになった。

匠君のおばあさんは、近くの村から嫁いでここに来たけれど、当時は車道もなかったので、こんな所に家があるのかと思ったそうだ。前の村では、おにぎりは網で焼いたのに、こちらではたき火で焼くのに驚いた。車で五分ぐらいの距離だったのに言葉さえ違ってわからないこともあった。

里では、リンゴなどの果物を栽培していたけれど、こちらは山の生活だった。それから、こちらでもリンゴをつくったのだけれど、あるときの豪雪で枝がバリバリに折れて大損害を出した。それでリンゴ畑をやめてしまって田んぼをつくった。

子どもは二人いて、息子がここに残った。娘は東京に出たけれど、帰ってこいとしきりに言い続けて三年の約束が四年になって帰ってきて、今は町のほうにいる。

嫁いで四〇年、いちばん大きな変化は、道路ができたことだ。食べ物の変化は昔は山菜、キノコや大根だったが、今の子どもたちは買ったもののほうが好きである。

おばあさんは郷土料理が得意だが、匠君と弟の恒士君はカップラーメンが大好きで、本当においしそうに食べる。野菜は、自分たちが食べるものだけを無農薬でつくっている。

おばあさんは農家の出ではなかったので、本当はサラリーマンになりたかったそうだ。でも、今では都会でサラリーマンを退職して何もすることがないという話を聞くけど、ここでは山に行ったりしていろんな仕事がある。冬場でも互いの家にお茶飲みに訪問しあったり、しょっちゅう出かけると言って、今の生活にまんざらでもなさそうだった。

「天下森　直滑降で　ぶっとばせ」
「もうれつに　のどがかわいた　まず一杯」
この土地の子どもは、スキーがうまい。天下森スキー場で学校の授業でもスキーをしている。大地君の「直滑降」の絵は会心の作だ。
大地君は、フキコップで水を飲む様子も描きたかった。しかし、背景のわき水をどう描いたらいいのかわからない。矢口さんのマンガを探すと、フキコップの絵はあるのだが、わき水の出ている所が見つからない。それで、どう描いたらいいのかを矢口さんに尋ねる手紙を書いた。

後日この手紙を受け取った矢口さんは、お手本の絵を描きながら「フキというのはとても懐かしい」と言った。「水辺には必ずこのフキがあるんだよね。フキには大変お世話になった。ときにはトイレットペーパーにもなった。狙半内の人でこのフキコップを知らない人はいない」と語った。

大地君のお父さんは小栗山小学校、西成瀬中学校で、両方の学校とも今は校舎がない。「ここにあったんだよ」と言っても建物がないからわからないので、とても残念だ。

自分たちのころは、親は仕事で子どもは野放し状態だったけれど、今では運動会も家族全員が参加しなければ行事にならないほどだ。

学校では、「川は危ないから泳ぐな」ということになっているが、自分が昔やった川泳ぎの話をしたら、子どもたちがそれを真似て泳いだこともあった。また、昔は山に隠れ家をつくって遊んだ。寝泊まりもできるものだった。

親から教わった遊びはウサギ獲りぐらいだ。今から思えばかわいそうだけれども、針金で輪をつくって木と木の間の通り道に仕掛けた。それで捉えたウサギを親に料理してもらったが、親は歳を取って「もうかわいそうで、とてもやれない」と言って、これが最後の一回きりだったそうだ。お父さんは四人兄弟の末っ子で、二人の兄と姉が先に村を出てしまい、学校に行っていた父は村を出ることができず、そのままここに残ることになった。

「せみしぐれ　ぼくの回りは　音楽隊」

「虫博士　クリ虫観察　ヘンなやつ」

祥照君のお母さんは、一人っ子だった。高校時代には、増田本町に下宿をした。こちらに帰ってくると、雪の多さが二倍もあってびっくりしたという。滝ノ下のほうへは林道だったので、二〇歳をすぎるまで行ったことがなかった。

都会に出ることに親は絶対反対だった。出れば戻ってこないだろうと思われていた。それは、前例をつくった従兄弟《いとこ》がいたからだった。

昔と変わったのは、田んぼのつくり方だ。昔は棚田みたいにあちこちに田んぼがあったけれど、今は矢口さんのマンガの世界はもうないと言う。小さいころの思い出でいちばん嬉しかったのは、春まだ雪が残っている田んぼに水を引く堰《せき》で、小魚を獲ったことである。

そういえば祥照君も動物が大好きだ。

「好きなものはカメに決まってるんです。習字でも絵でも、デザインはみんなカメなんです。行進してる絵を描いても、この子の場合はカメなんです。だから『あれは祥照の絵だ』ってすぐわかってしまう」とお母さんは笑う。

「今年の目標を『カメ』って書いていましたよ」

「ばかだね」とお母さん。学校で飼っているカメを最後まで死なせずに育てたら、祥照君にあげると先生に言われたので、がんばっている。責任感もとても強い。モモンガは小学一年生から育てているが、水換えは自分で寝る前に必ずやっている。

仕事の手伝いもよくがんばるそうだ。雪下ろしもよくやるのだけれど、たまに屋根の上に迷路をつくって遊んで、お母さんに叱られたこともある。

「ふるさとの　山の思い出　たまてばこ」
「笑顔満点　大イワナの　つかみどり」
「秋の山　アケビ天国　食べきれない」

恵美さんの通学は徒歩だ。同じ方向に帰る子どもたちといっしょに話したりふざけあったり

恵美さんがつくったこだし

しながら、道路ばたにできた背の高さを越える雪の壁に沿って三〇分歩く。この日も粉雪がちらついていた。

家に帰ると、おばあさんのお手伝いをする。それから、「こだし」と呼ばれる籠の絵をおばあさんに見せた。これは「ふるさとの山の思い出」の絵札になった。学校でつくった本物のこだしも持ってきた。これは、おばあさんにつくり方を教えてもらって学校でつくったものだ。四月のワラビ採りのときにこの「こだし」を使った。この籠いっぱいにワラビが採れて、朝市でそのワラビを売って学校の図書室の本が買えた。ここでは、ワラビ採りは一年生から参加している。

恵美さんの家の近くの川でも、昔はイワナが捕れたそうだ。学校行事でやったイワナつかみの絵もカルタの一枚にした。

最初の授業の道草で採ったあのアケビも、絵になった。東京の矢口さんのアトリエで背景の描き方を教わって、今懸命に背景を描いている。

恵美さんは、東京よりここの土地のほうがいいと繰り返し言った。今までふるさとを考えたことはなかったけれど、このカルタづくりや東京を見てきたこともあって、あらためてふるさとのことを考えることができたと思っている。

おじいさんおばあさんは、このアケビの絵がいいと褒めた。

16　矢口さん　自著のマンガを語る

――若いときに抱いていたうしろめたさみたいなものは、どう折り合いをつけたんですか？

ぼくは自分のマンガをふるさとの人たちだけにメッセージとして発しているわけではない、という自信と誇りだね。例えば九州や沖縄、あるいは関西方面の人たち、あるいは都会の人にも向けている。都会の人は、田舎の人をダサイとか、やっぱり何かバカにする風潮があるじゃないですか。そういう人たちに、同じ日本人なんだよ、ということを言いたかった。

みんな、日本人としての一つの連帯意識を持っていませんか？　というようなこと。だから、ぼくの『おらが村』や『ふるさと』を読んで感動する人は、ぼくのふるさとの人だけじゃなくて、全国的なものだもの。雪国の人じゃなくてもね。

やっぱり、日本のどこにでもあるふるさとの根底部分をいつも揺さぶって描いてきたのかなあと思いますけれども。

──やっぱりある意味で普遍化してますよね。

そうですね。いくら生活が便利になり、建物がきれいになり、交通手段が高速化されたといっても、普遍のものはあるわけですから。芭蕉の唱えた〝不易流行〟ですよ。変わりゆくものは変わるんだけれども、変わらないものは永遠に変わりはしないのだという考え方は大変日本的な儒教の精神だろうけども。

やっぱりあれも、何て言うかなあ、人類の一つの哲学としては、正しいんでしょうねえ。

──矢口さんから見て、狙半内の変わらないところっていうのは何ですか?

やっぱり、大都会に対するコンプレックスかな。狙半内が増田町と町村合併して、増田の町民になってもう五〇年近くなります。この歳月のなかで、きっちり増田の町民であるという自覚ができてくれば、村人から町人に変化してきたとは言えますよね。

かつては、それこそ山猿だと思われて、地域の中でもそこに生まれ育っただけで小バカにされたことだってありました。そのときは、町の人たちは村に比べてかなり文化的にも高いものがありましたからね。今はそんな差もなくなって、少し自信がついてきたんじゃないかしら。テレビの普及などで、言語のハンデもなくなって、すごく自信はついてると思いますよね。それは東北全般に言えることだと思います。

――東京に出てこられたころは、言語でのハンデは感じられましたか？

ぼくはそんなに感じなかったです。だけど、自分が初めてテレビやラジオに出たりして、その録画を聞いてみると、ずいぶんなまってるなあ、なんて。アナウンサーではないので言葉は直す必要はなかったから、そのままきましたけれどもね。それでも、おしゃべりをするときは、ちゃんと口をきちっと開いたり閉じたりしてなるべく正確な発音をしようと思うんだけど、やっぱり、東北のいわゆるズーズー弁の言語っていうのは、「い」行の発音が独特のものなんだね。九州や関西の人たちが標準語を慣れて話すと、ふつうの標準語に近くなるんですけど、あれは、「あいうえお」の発音が同じだからなんですよ。

ところが、東北のいわゆるズーズー弁の言語圏では、「い」行が「いー」になってしまってね。そこのところがなかなか直らない。でも、今の子どもたちは最初から標準語の教育を受けているからきれいに発音しますよね。

ぼくの場合は、言葉ですごくハンデを負って卑屈な思いをしたことはなくて、むしろこのとつとつたる話し方で信頼感を得てきたほうかもしれないね。

――矢口さんの『おらが村』とか『ふるさと』は、狙半内の移ろいを同時代的に捉えていったというか、非常にリアルに捉えていった作品ですね。一方、『おーい、やまびこ』のように、少年時代を題材にした作品もありますけど、それらはどういうふうな思いで描いてこられたんですか?

『おーい、やまびこ』とか『蛍雪時代』というのは、ぼくの昭和史という位置づけで描きました。小説などであういうものを書こうと思っても、部屋の中にある日用品一つにしたって文章では説明しにくいけれど、絵で表現すれば一目瞭然で、資料的です。

部屋の中の一つの道具でも、やっぱりそれはその時代のものを描くのですから、そういう意味では、この二本の作品は自分史ではあるけれども、わたしの昭和史という位置づけで、かなり記憶をたぐりながら描いたものです。

だから、ぼくにとっては昨日のことのように思うんだけど、若いスタッフは時代劇でも描いてるようなつもりでやったんじゃないかしら。

『おらが村』とか『ふるさと』っていうのは、やっぱり、「いなかっぺ」といって、田舎の人間、もしくは農民をバカにしているような風潮に対して、一生懸命発言していった作品です。都会の人たちと考えていることも求めていることも同じだよ、人間が生きるっていうことはこういうことなんだよ、ってね。

生きることと死ぬこと、そういうことを問い詰めていった作品なわけでね。『おらが村』とか『蛍雪時代』は似ているようでいながら、テーマの切り口が違っているということは言えると思います。

――『おらが村』や『ふるさと』を読むと、狙半内の変化というのは日本そのものです。日本の変化と重なると思いました。

ぼくは、自分の村というもの、非常に小さな一つの地域をモデルにして、その変わりゆくさまみたいなものをずっと描いてきたんだけれども、それは、もう日本のふるさとそのものだっていうことですよね。

だって、全国どこの人が読んでも、感激して涙してくれるわけですからね。そうすると、「ああ、そういうもんだ。なにも、この地域の特異性ばかりではないんだな」ということね。

――それが日本中の人々に読まれた、あの時代にすごく歓迎された部分ですね。

日本のマンガ作品を日本人が受け入れるようになったということ。ふるさとマンガを一つの文化として位置づけることができたということだと思います。忍者モノとか野球モノとか、血湧き肉踊る、そういうものでなければマンガ作品たりえなかったっていうところがね。

なかでも『おらが村』は、秋田弁、はやい話、増田弁か狙半内弁かもしれないけども、そういうものを比較的丸出しにしながら綴って描きついできたわけだけれども、あれが実はマンガの世界で地方の方言マンガというのを定着させる一つのターニングポイントだったんですね。

そのあとに『博多っ子純情』という博多弁丸出しのマンガが出てきました。それから大阪弁を使ったマンガもありました。ぼくより三、四年ぐらいあとに『ああ、花の応援団』で、「おどりゃー」っていうような、河内《かわち》言葉みたいなものを使用した作品が出てきたりもしました。

ＮＨＫも長い間、朝の連続テレビドラマで、例えば、「雲の絨毯《じゅうたん》」、それから「はね子馬」、あるいは九州の「おはなはん」とか、比較的方言を取り入れた作品が人気を呼んできたっていう背景もあるんですけどね。


——ふるさとも変わり続けてきたけども、矢口さんも変わり続けてきた？


ぼくも、やっぱりふるさとにこだわるようになってから変わった。変わったからふるさとにこだわるようになったのかもしれない。一皮むけたっていうのか、ぼくも大人になったのかな、とも思うんだけど。

若いころ、例えばアフガニスタンやアフリカの難民救済のために駅前で募金活動が行われていて、「お願いします、お願いします」なんてやってるのを見たときには、「おれの村の出稼ぎをなんとかしたいと思ってるんで、そっちのほうには募金する気持ちはないよ」などという、本当に狭い了見のぼくでしかなかった。それがだんだん大人になってきたんだね。

——矢口さんは、マンガで矢口さんが子どものころから見てきたものを記録しておきたいという思いはあるんですか？

うん。山奥の百姓の生活なんていうものは、便利な都会の人間にしてみれば、揶揄《やゆ》すべきようなことだったと思うんだよね。だけども、彼らの生活の中に、素晴らしい生活の知恵だとか、人間が生きていくために失ってはならないものがたくさんあることに、だんだんぼくは気がついてきた。こういうことは日本人として失ってはならないことだと思って描いてきたのです。

たまたまぼくは、そういう面での記憶力が並はずれてよかったのかもしれません。子どものころに見て、もうとっくに忘れているはずのことを、形やその物の使い方とか、どういう意義があったのかなどをしっかり記憶していたことが大きいね。

あのころは、村で写真を撮ることはほとんどなかった。現にぼくが小学校のときの写真は、一〇枚ぐらいしか残ってないのです。中学校では、たまたまクラスの担任の先生がカメラを持っていてよく撮ってくれたので、かなり残ってるんですけど。写真で記録してないので、本当に苦労して探して描いたものもあります。

——これから先、日本の農村の仕事の図鑑的役割などの記録として重要なものになっていくのではないかなという印象を持ちましたが。

東大の名誉教授の人が、「わたしが勧める一冊」の中に、『ぼくの学校は山と川』を推薦してくれたことがありました。その先生が、「これは見事な昭和の記録である」と言ってくれたんで、私は思わず『蛍雪時代』と『おーい、やまびこ』をその先生に送ったら、「こちらの方こそ、まさに昭和史だ」ということで、「こういう作品は、きちっとしかるべき教育の場で使われるべきである」というようなご返事をちょうだいしました。描いてるぼくは、そんなことまでは思わないけどもね。

『蛍雪時代』を描いたときは、ずいぶんおふくろから話を聞いたりしました。おふくろがだんだん年をとってくるから、知恵袋が錆びないうちに、早めに描いておかなければっていう若干の焦りもありました。やっぱりぼくの記憶の薄れた部分、ぼくはこう記憶してるけど、それは本当はどうだったのかって確かめる術がぼくの場合はおふくろだったんでね。

今でもおふくろにはしょっちゅう電話します。電話して、あれはどうだった、これはどうだったって。ぼくは、農家に生まれながらそういうことをしないで銀行員になってしまったから、農業でわからないことがけっこうあるんだ。どの種をまくときにはいつまくんだとかね。

春

17 春の訪れ

滝ノ下、上畑二地区が主宰で、「雪祭り」というイベントを始めた。地域の子どもたちを集め、大人たちが雪遊びを教えるのである。今の子どもたちはほとんど外で遊ぶことがないので、遊び方を知らない。親の世代では、学校の帰り道だけでなく、いつも子どもたちが自然に集まって、自分たちで工夫した遊びや親から伝わった伝統的な遊びをしていた。伝承されてきた遊びは、このままでは今の子どもたちの親の代で途切れてしまうだろう。大人たちはそのことも寂しく感じていたのだった。

ビンドロッコ

雪の平らな面に小さな穴を開け、離れた所からコインをその穴に輪投げのような姿勢で入れる遊び「ビンドロッコ」は、大人たちも夢中になっている。別の所では、雪野原に大きな穴を掘り、雪を固めてつくった蓋でふさいで、落とし穴をつくる。これは、昔、友だちを呼びだしては、穴に落とす遊びをしていた大人の思い出そのま

まだ。また、雪野原に溝を渦巻き状に掘って道をつくり、両端から走ってきてぶつかった所でジャンケンをする遊び。いつの時代でもあるソリすべりだけど、昔は「ケツゾリ」だった。それから、雪型で燈籠《とうろう》をたくさんつくって、その中にろうそくを点《とも》した。その灯りは真っ白な雪にとても暖かい光を反射して幻想的な雰囲気をつくっていた。

この様子を聞いた矢口さんは、自分の子ども時代の遊びのことを思い出した。

――雪の面をピカピカにして真ん中に穴を開けてガラスのおはじきを投げるやつでしょう。ぼくらのころはそれを現金でやった。五円玉とか一円玉とかのコインでね。もっと昔は一〇銭とかそういう単位だったけどね。

メンコだって都会のほうでは、やっぱりメンコに勝ってたくさん貯めることっていうぐらいのものがあったからね。あるいはベーゴマだって勝てば戦利品として取ってしまうというゲームだってあったんですから。

ぼくらのころのコマは、周りに金具を巻きつけた重いコマ回しだったんだよね。雪の中を土間から土間へ伝わっていくわけよ。ぼくの『ふるさと』の中でそういうシーンも描いています。それで、コマを土間に打ちつけたり、あたりに当たっても、なんともないわけ。それは周りの戸が木製だから。今はアルミサッシにガラスだよ。たちまち割れちゃうよね。

春先、雪が解けてくると、ポカポカと解けた所に土が出てきて乾いてくる。そのころがコマ回しの最後になってね。雪が消えてしまうと、なぜかコマ回しはしなくなっていくんだね。だから、コマ回しは、冬の間の子どもたちの遊びなんだ。でも今はやらないね。場所なんかいくらでもありそうなのに。

ソリも、今はビニールの袋みたいなのを持っていって「ケツゾリ」をかけるでしょう。ぼくらのころはビニールなんてなかったから、杉の葉っぱを採ってそれにまたがってザーッと滑ってくるんだよ。もちろん三月の固い雪だよ。

今度の閉校式のころはおそらく固い雪になってると思うけどね。あれで、天下森《てんがもり》のグラウンドのあたりまでずーっと登っていって、あの斜面を杉の葉っぱの上にまたがって、ずーっと降りてくるわけよ。そうすると、杉の葉がすれて雪に緑色の筋がつく。そういう遊びもしました。

それから綾ちゃんでしたっけ。「メメンコ」を描いてるけれども、ネコヤナギのことだよね。

春が近づいてまずいちばん最初にすることは、固雪《かたゆき》を渡って、川岸にネコヤナギの膨らんだのを採りに行くことなんだよね。枝を何本か折ってきて、それを仏壇に供えたりしながら、「もうすぐ春だよ」ってね。非常に春を待ちわびたもんです。

固雪になる条件は、春が近づいてどんどん雪消しの雨が降って、そして、雪がだんだんザラ目状に重くなってへたばっていくわけですよ。無風で星がキラキラと凍《い》てつくような夜がくると、夜間に冷えて雪が凍てついて、次の日の朝には固雪になるんだね。

大人がのっても、びくともしない雪になる。そこをかけっこしながら、山の頂上まで登っていっては、下ってくる。

卒業式のころになると、学校へ行くのに、わざわざ山の上を回りながら学校に行った。今まで雪があって歩けなかった田んぼの中を堂々と歩いて近道をしながら登校した。

そういうのがありましたから、春を待つ心っていうのは、ぼくらのころのほうが今の子どもたちよりは旺盛だったと思う。あまりにも冬が長くてあの雪だから、どこにも行けないんだね。道路から外れることもできない。その道路だって人が一人歩けるぐらいの道しかついてないわけですから。そこから逸れることもできない。

だからどんどん運動不足になっていく。そういう所を縫いながら、友だちが集まってはコマ回しをやった。今度はおまえの家だとか、次はおれの家だとか言いながら、もちまわりでコマ回しをやりました。

「固雪」っていうのは、春の予感とともに、すごく解放感のあるものです。そのころになれば、雪が降らなくなるわけだから。降っても雨です。雪をどんどん消していく雨だしね。固雪も三日も続くと、なかなかのものです。

でもこれがね、朝一〇時か一一時になると解けてきやがるんだ。あんまり長く外にいると帰りにはズボズボッとぬかるんで大変なことになるので、早めに切り上げましたね。午前中だけで終わりですからね、固雪っていうのは。

閉校式のころに天下森あたりに登っていけば、いたるところにマンサクの黄色い花が咲いていると思いますよ。二月の終わりぐらいになったら咲き始めますよ。雪の中でいちばん早く咲く花ですからね。ぼくらはもう、それを手折《たお》りながら、固雪渡りをした。それから川岸へ行ってはメメンコを摘んだ。雪解けの早い土手が開けば、そこにフキノトウが顔をのぞかせているというのが、あれは嬉しいもんだね。フキノトウなんて、東京に行けば、今やテンプラ屋の素材として売ってるけれども、食べ物として食べるでもなく、摘むのが嬉しくてね。

矢口さんからのお手本

増田東小学校でも、校庭の雪を利用して雪祭りが行われた。雪山コンテスト、旗とり合戦、雪の中の宝探しなどをして楽しんだ。

教室では各学年で、閉校に向けたテーマの授業が多くなっている。五年生は、卒業する六年生の一人一人に宛てた、とてもていねいなカードをつくっていた。

六年生は仕上がったカルタの枚数を確かめ、残りについては、もうあまりゆっくりしていられないので、懸命に作業にとりかかっていた。

このとき、大地君が筆をまったく取らずに頭を抱え込んでいた。以前から悩んでいた「フキの葉コップ」をカルタに描いたのだが、その背景の水の描き方がわからず、手がつかないのだった。矢口さんにも手紙で描き方を尋ねた難問だった。そのとき、矢口さんから届いていた返答が大地君に渡された。お手本と矢口さんが考えた読み札もそえられていた。

いかにも硬質で研ぎ澄まされたような鋭利な形だったつららが、表面にいっぱい水をしたたらせて、やわらかな物質感を見る者に与えている。丸くなったつららの先から雫がしたたり落ちていた。雪の間から小さな範囲の土の地面をのぞかせ、あるいは、もっと広い範囲に草が見えて、フクジュソウが咲いている。フキノトウも姿を見せた。小川には雪解けの水があたかも春の知らせの半鐘《はんしょう》のように勢いのある流れになっている。狙半内の春の訪れだった。

村の景色も生活様式も、いろんなことが時代の変化で様変わりしてきたけれど、雪の解けていくさまや草花の芽を出す様子は、矢口さんの小学校時代と何ら変わりない。雪が深かった分だけ、閉ざされた時間が長かった分だけ、この春の訪れの兆しには、待ち望んだ気持ちが裏切られることもなく、人々の心のうちに強い喜びの気持ちを湧かせるのだった。

それはいよいよ、六年生たちの課外授業も終わりに近づいたことを示し、同時に増田東小学校の閉校が間近になってきたことでもあった。

18　最後の授業

矢口さんは、六年生への最後の授業と閉校式に出席するために狙半内《さるはんない》にやってきた。道路にはすっかり雪がなくなっていた。鳥の声が聞こえているけれど、道の向こうやもっと遠くの山を見て、「まだまだ雪が深いねえ」と矢口さんは呟く。「学校の建物は残るようだけど、子どもたちのはじける声は今日でここから消えちゃうんですね」と、ちょっと閉校間近の感慨が矢口さんの胸に込み上がってくるようだった。

七人の六年生は、きっちりとこの日までにすべてのカルタを仕上げて矢口さんを迎えた。本当は矢口さんも心配だったことだろう。でも、教室で仕上がったカルタ一枚一枚を見ていく矢口さんの笑みのこぼれようは、心配から解き放たれた安堵の気持ちを表して余りあった。

子どもたちの作品は、それほどに見事に仕上がっている。もう厳しい注文をつける余地などない。さらには、どれかの札だけが力不足だという作品はなく、四五枚全体の調和がまた見事だった。

絵札の頭の文字が目立つようにと、矢口さんは、ホワイトで修正し始めた。まるで子どもたちの絵に対する自らの喜びを抑えるようなそわそわした手つきに見える。次にはそれを台紙にきれいに貼って、完成品を黒板に並べていく。

矢口さんが子どもたちの前で、一言「いいねえ」と褒めると、子どもの顔がパッと緩む。子どもたちも矢口さんの評価が心配だったに違いない。

矢口さんは言った。

「一枚一枚描くごとに、みんなこれほどに上達してくれるものなんだねえ」

それから字札の清書にかかって、カルタづくりはここに終了した。

狙半内（さるはんない）ふるさとカルタ

増田東小学校六年生共同制作

秋の山
アケビ天国　食べきれない

いがの中
のぞいてさがす　栗ひろい

うれしいね
ランドセルしょって　一年生

笑顔満点
大イワナの　つかみどり

お手伝い
雪かき頑張る　おれえらい

かんじきを
はいてのぼった　雪の山

銀世界
雪もつもれば　山となる

草花を
よく見てかこう　観察会

ケンカした
学校帰りは　ススキ道

こされるな
バトンをつなげ　東っ子

すっぱいな
ガマズミの実よ　赤い実よ

さんしょううお
食べるゾ勇気の　見せどころ

せみしぐれ
ぼくの回りは　音楽隊

樹木園
山の教室　ログハウス

ぞっとする
夜の学校　きもだめし

天下森
　直滑降で　ぶっとばせ

たきの音
　すごい音だね　ゴーゴゴー

鳥たちの
　さえずりひびく　初夏の山

ちょっぴりと　きんちょうしたよ　朝市たんけん

なべっこを
　せおって遠足　秋の山

机の落書き
　残して卒業　思い出に

にぎやかだ
六年教室　大さわぎ

ぬくもりは
祖母の作った　あずきでっち

ねしずまる
すんだ川には　ホタルのひ

登ったぞ
山の頂上　保呂羽山

春告げる
ふくじゅそうが　かおを出す

東小　たくさんの思い出を
ありがとう

松の下で
キノコをとった　帰り道

ふるさとの
山の想い出　玉手箱

みちばたに
人も車も　クマ注意

閉校の　記念ひさびし　東小

虫博士
クリ虫観察　ヘンなやつ

ほうの葉が
虫に食われて
ぼうろぼろ

めめんこが
きらめく小川で　春告げる

もうれつに
のどがかわいた　まず一杯

山の中
貝が出てきた　化石ほり

雪消えの
早い土手から　ふきのとう

四年間
打って守って　がんばった

ランドセルに
さよならをして　中学生

六年間
学び育った　東小

リズムはコンガ　マラカスで
いいないいな狙半内

ワリバシを　たくさん集めて
体力増強

るり色に　かがやくカメ虫
でもくさい

んとこしょ
わらびたくさん　山の幸

レールはずむ
松島行きの　修学旅行

完成したカルタを持って、閉校式の式場となる体育館へ向かった。まだ来客のだれもいない体育館に並べられた椅子の上に、一枚一枚アイウエオ順にカルタを並べてみた。それから、読み札と合わせて、もう一度すべての作品を鑑賞し直した。矢口さんの褒め言葉は、記念撮影にかかるまで続いて、なかなか終わらなかった。

これで矢口さんと子どもたちの課外授業は終わった。授業のまとめとして、矢口さんは子どもたちに語った。

——今回、ぼくからの課題ということで始めたカルタづくりは、去年の秋からちょうど足かけ半年ぐらいになりました。

みなさんにいろいろ描いてもらったけれども、ほんとに、何度も言うようですけど、最初に取り組んだときには「こんな宿題を出して、できあがるのかな」という不安もありました。けれども、今日、こうやってできあがってみると、この不安は取り越し苦労だったなと、結果としてはそうなりましたね。

絵というのは、描けばうまくなるのです。よく見て、そして実際に手で描いてみるということとが大切なんですね。例えば、漢字を覚えるときに、実際にノートに書いてみるとよく覚えられるけど、その漢字をただ一生懸命に見てるだけで暗記しようと思ってもなかなかできません。手で書いてみてわかるということがある。絵もそういうものなんですよね。

ぼくも最初、マンガ家になりたてのころは、マンガ家としてはまだまだ上手とは言えなかったけれども、毎日マンガを描いてるうちにだんだんうまくなっていって、自分で今までは表現できなかったことまで、少しずつ表現できるようになった。毎日描き続けることは、やっぱり進歩につながるということです。

みなさんの中からも、「絵を描くのはわたしは苦手で、好きではなかったんだけれども、このカルタを描いているうちに、色を塗ることが好きになった」「絵を描いてる時間がいちばん楽しかった」という答えが返ってきました。

こういう話を聞くと嬉しいですね。中学生になると、今度は美術という高度な授業になっていくでしょうけれども、今の気持ちを忘れないでがんばってもらいたいと思います。

足かけ六か月という長い間、みなさんとともに課外授業をやってきました。ぼくは最初、自分たちのふるさとは何かということを知るために、道草をしようという提案をしました。それでその成果として、ふるさとの思い出のカルタというものをつくることを宿題に出しました。

そうしたなかで、みなさんから自分のふるさとのことがあんまりよくわからないという質問のお手紙をもらったり、なぜふるさとというのを知らなければならないんだろうというような疑問がみなさんの中から出てきました。

ぼくは、みなさんのふるさとに対する愛情といいますか、愛郷心というんでしょうかね、そういうものを高めようと思ってこの授業をしたわけではないのです。ぼくは、かつて一度このふるさとを捨てたことがある人間なんです。特に、分厚く積もった雪に対する恨みつらみというのが激しくて、ふるさとを逃れて、都会のほうに出ていったという、ぼく自身がそういう人間なんですね。

でも、人間というのは実に不思議なもので、捨ててみて、あるいは失ってみてそのもののありがたさ、あるいはそのものの本質がわかってくることがあるのです。ぼくはふるさとのありがたさとかふるさとの本質みたいなものを知った瞬間から、ひたすらふるさとにこだわったマンガ作品をたくさん描くようになりました。

ぼくというものを一つの器だと仮定した場合、ぼくという器はどこから見てもこのふるさとに生まれ、ふるさとに育てられ、ふるさとによって磨かれた器にほかならない。それに気がついたんですね。そういうことを発見したわけです。

でも、人間というのは、ちょっといい仕事をしたりするとね、周りからチヤホヤされて、それでちょっといい気になって格好をつけて、背伸びしたりするようなところがあるんですね。つまり、いつの間にかぼくの心の中におごり高ぶった慢心《まんしん》といいましょうか、そういったものが知らず知らずのうちに芽生えて、どうしようもない人間になってしまうこともあるんですね。

人によっては、かっこよく見せようと思うあまりに、自分のふるさとのことを人には言いたくないという人だっています。山の中で生まれ育ったことを隠したい人だって、なかにはいるわけです。だけれどもそうやって背伸びして、格好をつけるというのはやっぱりどこか不自然だし、息が詰まってくる。いつまでもそんな格好をつけたってしょうがないな、ということになるわけですね。

そんなときにぼくは必ず、ふるさとのこの狙半内で過ごした少年時代を思い出すことにしてるんです。あるいは、思い切ってふるさとに帰ってみようという気になるわけです。するとふるさとは必ずぼくにこう言います。

「そのまんまでいいんじゃないの」。ふるさとはいつもそう言ってくれます。「何も背伸びしたり、格好をつけたりすることなく、あなたはあなたのままでいいんじゃないの」。

そうするとぼくは、非常に救われた気持ちになるんですね。おごり高ぶった気持ちみたいなものをぼくのふるさとの山や川や木や草や雪が、ぼくを諭して戒めてくれるわけです。そういう意味でぼくは、自分のふるさとというものをいつも心の支えにして生きてきました。今日で、「道草」というコンセプトの課外授業は終わりになります。でも、みなさんの「道草」はこれからも続くわけですし、どんどん続けていってもらいたいと思います。もうほどなく中学生になります。そしてまた、そのあとには高校、大学、そして大人になっていく。そんな歳月のなかでどんな試練に出会うかもわかりません。その試練に出会ったときに、きっとみなさんがカルタをつくったときの気持ちだとか、あるいはふるさとから立ち直るヒントのようなものが得られるだろうとぼくは思います。

今日で授業は終わりですけれども、何か自分が辛いことにぶつかったときに立ち直るヒントにしていただきたいと思います。長いことありがとうございました。

矢口さんの最後の授業の言葉のあと、まだ物足りない思いで、今度は校外にカルタを持って出て、再び道草をしてみた。まだ残っている雪の中に、持ってきたカルタを青竹につけて突き刺してみた。雪の中の自然の風景を背景にしたギャラリーの中での、全作品の展示である。

「雪の自然の中によくマッチしているなあ」
と、矢口さんは、満足していた。

子どもたちも感想を述べた。
「東京にも行って比べてみることができて、狙半内のいいところがたくさん見つかってよかった。いちばん面白かったのは、やっぱりカルタを描けたことですね。最初は、ただ面倒くさいだけだったけれど、今思うと、けっこう楽しかった。自分は七、八枚しか描いていないのに、全部を見たら、すごい多さにびっくりした」（雅昭）
「絵を描くことがだんだん慣れてきて、最終的にはけっこう楽になったと思いました。東京に行ったら、夏の東京はこっちの方とあんまり変わりはないけど、冬はかなり気温の差が激しいということがわかりました。大変だったのは、カルタづくり。東京に行ってからあとの色塗りで、しかもほとんどはもう一回やり直しだったから、時間が足りなくて、それが難しかったです」（大地）
「ふるさとのありがたさや、ふるさとの雰囲気というか、大切さを学びました。いちばん楽しかったのは、『六年間の思い出をありがとう』ということで、いろいろなことを描こうとした

ことです。いちばんいい思い出は、矢口さんと絵を描いたことです」（優太）

「カルタづくりをやる前は、絵を描くことがあんまり好きじゃなかったけれど、やってみたら、色を塗るのが楽しいなと思った。けれど、やっぱり構図を立てるのは難しいというのがいちばん思ったことでした。まず先に文章をつくって、それに合わせた絵でやりました。愛郷心じゃなくてとかいう話が心に残ったけど、よくわからなかった」（祥照）

「道草とか、絵を描くのが面白かったです。ここのところはこう描くのだなと思いました。絵は好きになりました。中学校に行ったら、美術部に入ります。カルタづくりは、清書するのが難しかったです。いちばん面白かったことは、道草をして、ホウの葉を採ったことです。ホウの葉の絵は気に入ってます。矢口先生はやさしかった」（匠）

「カルタづくりをする前は、絵をじっくり描いたりとか、ふるさとのことをよかったなあとかっていうのはあんまり思わなかったけれど、絵を描いているうちに『あ、ふるさとってこういうのだな』というのがわかってきてよかったです。ふるさとは自然に囲まれているけど不便なところもあるなとかって思ったけど、でもやっぱりふるさとはいいなあというのが見つかりました。いつもはじっくり見て描いてなかったから、特徴を描くのが難しかったです。面白かったことは、色をつけていくうちにその絵がだんだん変わってきているのがわかって楽しかった

です。思い出に残ることは、矢口さんと道草をしたことです。いつもは山に行ってアケビとかを採ったりしないけど、道草をしていろいろなものを発見できて面白かった」（恵美）

「これがなければたぶん綾さんは、こんなふうにものを見て絵を描くってことをしないで過ごしたと思います。矢口さんが実物を画用紙に当ててなぞってもいいんだよって示されたのを見て、綾さんが採ってきたガマズミを置いて、なぞってやってみたのが、綾さんの手で描いた初めての絵でした。色もどんなふうにつけたらいいかぜんぜんわからなかったけれども、たくさんコピーをとって、他の子どもたちも助けてくれて、いろいろバージョンを考えて塗ってみました。矢口さんが描いてくれた鳥の絵で、グターとなっていたガマズミが起きてきて、あの絵が完成しました。何枚か描いた絵の中でどれがいちばんと聞いたら、やっぱり綾さんもあの絵を選んできました。あれが本当に綾さんの生まれて初めての作品ということです」（綾さんの先生）

19　閉校式

翌日、閉校式が行われた。全校児童が中央に席を占め、教職員、父母たち、来賓客もハレのいでたちで、式の運びを見守った。

矢口さんは、廃校については、寂しい思いは当然あるのだけれど、必ずしも悪いこととは思っていなかった。「廃校は、町サイドの行政の問題で今日になったんでしょうけれど、ぼくはもっと早い時期に統合したほうがよかったのではないかと思う。もう一〇年ぐらい早くてもよかったのではないかなと思います」と、むしろ寒村の厳しい条件を考えると、統合によるメリットのほうに共感している。

高橋博子校長先生の挨拶があった。

――雪解けを進める春の雨、山々を覆い隠していたあれほどの雪も間もなく姿を消そうとしております。冬の寒さの厳しい分、降り積もる雪の深い分、わたくしたちは春の訪れを待つ気持ちが強いのかもしれません。

本日は増田東小学校の閉校式にこのように多数のみなさま方のご参列をいただきまして、誠にありがとうございました。

ご承知のとおり、本校は昭和五七年、それまでの上畑小学校、小栗山小学校を統合して誕生した学校でございます。閉校となります今年度が増田東小学校開校二〇周年という節目の年でもありました。最終年となりました今年度は、ことさらこの学校の思い出を残そうと四〇名の子どもたち、一二名の職員も、日々の活動の一つ一つに心を込めてまいりました。地域のみなさま方には、わたくしどもの気持ちをお汲み取りいただき、温かいご協力をいただきました。おかげさまで最後を飾る数々の行事をみなさま方とごいっしょに実施し、子どもたちのよい思い出づくりとなりました。

地域のみなさま方との行事といえば、真っ先に運動会やスキー大会などがあげられますが、最近では県の事業として行われました「子どもドリーム支援事業」があります。その最初の年、本校では、本日もご参列いただいております、地域ご出身のマンガ家・矢口高雄様にあやかり、テーマを「釣りキチ三平、丸ごと体験」とさせていただきました。子どもたちはマンガ『釣りキチ三平』を読み、その世界に浸り、親子でサクラやツツジの植樹をし、ふるさとの歌をつくり、イワナのつかみどりを楽しみました。

以来、この狙半内《さるはんない》の恵みにどっぷりと浸る活動は毎年実施してきております。これもまた地域の方々のご協力なくしては盛り上がりに欠けるものになっていたことでしょう。最後の東っ子たちに楽しい思い出を本当にありがとうございました。

さて、増田東小学校二〇年とは申しますが、地域の方々にはおそらくは、以前の上畑小学校、小栗山小学校へと思いを馳せていらっしゃる方も多いのではないでしょうか。沿革史を繙きますと、「明治八年四月、狙半内小学校と称し、狙半内字《あざ》中村郷《ごう》、加瀬谷庄右衛門宅に開校す」との記録がございました。以来、数えて一二七年、さまざまな変遷はあったと思いますが、地域に根ざしてきた学校がここに姿を消してしまうかと考えますと、感慨ひとしおの思いがいたします。

幸いこの校舎はそのまま残されるとうかがっております。開校後間もなく、保護者や町当局のご尽力でつくっていただきました樹木観察園なども、この校舎ともどもいっそう地域のみなさまに愛され、この一画がみなさまの憩いの場所となってくれたらと願っております。

これまでこの学校を支え、ご協力を惜しまなかった地域のみなさま方、PTA活動にご助力くださった保護者のみなさま、行政面からサポートしてくださった関係者のみなさま方、そしてわたくしたち同様この学校に勤務され、子どもたちの教育に携わってこられた諸先輩、先生方、本当にありがとうございました。

増田東小学校という校名はなくなりますが、ここで活動した日々はわたくしたちの心にいつまでも生き続けることでしょう。東っ子四〇名、これまでの思い出を胸いっぱいに、新しい生活に向けて出発いたします。

平成一四年三月二二日

秋田県平鹿郡増田町立増田東小学校・第九代校長・高橋博子

続いて、式次第によって、「群読形式」で子どもたちの「別れの言葉」があった。「群読」は、みんなで文章を分担したり唱和して読む形式の発表で、この学校では全学年で取り組まれてきた

ものだ。そのあと、東小のテーマソング「いいないいな狙半内」と校歌の斉唱があった。
　式が終了すると、六年生たちのカルタづくりの発表を兼ねた「カルタ大会」が矢口さんの開会の挨拶で始まった。カルタを制作した当の六年生は、自分のつくったカルタの読み札を読んだ。そして参加者が絵札を拾った。札が取られるたびに、体育館には楽しげな笑い声と拍手が沸き上がるのだった。
　この物語では直接に登場することはなかったけれど、七人の担任だった船山陽子先生と佐藤かおる先生は、この物語の間中ずっと子どもたちを支えた。先生たちにとっても完成した四五枚のカルタは、この土地とこの時代の記録として忘れられない宝物となるだろう。
　すべてが終わったあとの教室で、矢口さんは子どもたちの努力を讃え、彼らの前途へ励ましの言葉を贈った。それから、矢口さんが車で出発するのを子どもたちは見送った。

20　授業を終えたあとに――ふるさとは自分を正してくれるところ

――授業を終えられた感想は？

銀行に入ったころに一時期、小学校の先生になってみたいと思うことがあった。もちろんマンガ家が第一の夢でしたけど。そのときは、自分と同じような考えを持った生徒を一年で四〇人ぐらいつくれるんじゃないかという、けっこう傲慢なことを考えていました。毎日、たいへん長い日数を重ねて接する。その毎回、あるいは毎時間、子どもたちとの親密度が深まっていくわけでしょ。そういうのにはたまらない魅力がありますね。

戦後の時代に、いわゆる代用教員として多くの方が先生になったときに、一年か二年ぐらい腰掛けでやってみようかってやってきた先生方で、ずっと最後まで天職にした人たちが多いですよ。

それは、みんなあの生徒の澄んだ瞳に打たれたからだと思う。

29歳　銀行員のころ

今日はそんなふうに感じました。

――矢口さんの後輩たちは、矢口さんの目にどんなふうに映ったのでしょうか？

やっぱりとっても心配な面もあります。なにしろ七人という少人数で、互いに切磋琢磨《せっさたくま》するというより、仲良しクラブみたいなところで六年間進んできた。これから中学生になったときにクラスが大人数になって、それをどのように軌道修正していくのかなと思うと、そういう点が少し不安になります。

でも、会ったとたんに友だちができれば、そんなものはいっぺんに吹っ飛んじゃうんじゃないかな、とも思います。

今回、道草をして、ぼくが思ってる道草というものがどれほど理解してもらえたかというのは疑問なんですけれど、それは、なにも今日、明日わからなくてもいいんです。これから何年か後、さまざまな試練にぶつかったときに、自分を支えてくれるヒントをここに見つけてくれれば、課外授業で何日間かおつきあいして、何日かいっしょに道草を食ってみたという体験は大きな支えになってくれるだろうと思います。

――「道草」に込めた思いを聞かせてください。

道草というのは、時間の浪費だ、無駄だっていうかつての考え方がありますが、ぼくは子どものころからふんだんに道草を食ってきて、それが今日のぼくを支えてるし、マンガ家というのは特殊な職業かもしれないけど、あれがなかったらぼくのバックボーンはなかったぐらいのことは感じている。だから、「読み書きそろばん」や、あるいは実際に野良《のら》へ出て働くことが美徳だった時代で言えば、道草というのはやっぱり無駄な、時間の浪費ということになるんだろうね。でも、ゆとりをもって非常に個性的な人格を形成するわけだから、今では意味合いが違ってきていると思うんです。

道草は、道の真ん中から外れて枝葉のところへ行ってどうのこうのではなくて、人生さまざまな体験を積んでいくということ。「これが正しいことである」ということに対していつでもアンチテーゼを唱えていける人間になるということでもありますから、いいことじゃないかと思っています。

――道草やカルタづくりで、子どもたちに何を見つけてほしかったのですか?

その体験が試練にぶつったときに、それを突破するための一つのヒントになってくれればいいとぼくは考えたんだけどね。自分が生きていくなかで、ある日、ずんと胸の中に湧きあがってくるようなヒントが得られればいいなあと思うんですね。

ヒントっていう言い方は非常に抽象的だろうけれど、例えば何かの弾みですごい過ちを犯してしまいそうになるときに、寸前で立ち止まれる勇気みたいなものかな。そういうふうなものを道草した経験のなかで発見してほしいということですね。
もちろん、これはいいことだと信じて立ち向かっていく、あるいは邁進していくという勇気でもあるんですけどね。

――それは矢口さんの経験から学んできたことですか？

そうですね。何にもないようなふるさとだと思っていたのが、ぼくにとってはすべてがつまっていると感じたときに、ふるさとをテーマにしたマンガを描くようになったわけですからね。ぼくが言ってるのは、ひいては「郷土愛」っていうことでくくられるのかもしれないけれど、ぼくが言ってる郷土愛というのは「郷土愛」というカッコでくくれるものではないということですね。ひょっとしたらぼくは、ふるさとに、何かそういうものを描いているのかもしれない。自分が生きていく一つのベースであり、指針をなしてくれるところがふるさとだというふうに、ぼくのほうが思い込んでいるのかな。
それで、それを判断するのは実はぼくなわけでね。ふるさとの山や川がぼくに語ってくれると思うのは主観的なことであって、実際は何も語らないわけだけどね。

――どういうときに強くふるさとを欲しますか？

「さびしい」という答えが出れば、説得力があるのかもしれないけれど、そういうときはあんまり持たない。何か決断ができないぐらいの物事にぶつかって、どっちの道を選択したらいいかというときに、ふるさとでの少年時代のことを思い出すことが意外と多い。
つまり自分を見失わないためのものが、その時代につまっているということかな。やれないことをやろうと背伸びすることは、ぼくはあんまりしたくないなと思ってるんでね。

——「器」という言い方をされてましたね。

本当にわかりやすい言い方をすればね、「なんぼのものでもないんじゃないの」っていうことなんですけどね。ぼくはこういうところで生まれて、こういうところで育って、こういう人間になったんだっていうベースのところを、いつも謙虚に自分で受け止めていこうということだね。
まあ、間違えてもいいいんだけれどもね。裸一貫なわけですから。

——「ふるさとは心の支え」ともおっしゃっていました。

学校を出て、大人になって、実社会に出ていけばいろいろな価値観が必然的に身についてきますよね。それで、ちょっと名のある仕事をしたからといってチヤホヤされたり、傲慢になったり、ちょっと背伸びをしたり、かっこつけたりというような、さまざまな要素が人間には生まれてくるんですけど、そういうことをきちっとわたしの胸に正してくれる存在としてふるさとがある。ぼくには、ふるさとの思い出、ふるさとの山や川というのはそういう存在なんです。だから、心の支えというのはそういう意味なんですけどね。

——自分を正すんですか？

そうですね。もし、「ぼく」という器があったとしたならば、その器にあまるようなことがあったときに、いつでもイエローカードを出してくれるのがぼくにとってふるさとの存在です。

——帰る場所がそこにある、というような感覚とは違うわけですね。

違いますね。やっぱりそれは、ふるさとがいつも温かく迎えてくれるところとか、あるいは東京生まれで東京育ちの人は、「田舎がない、ふるさとがない」っていう言い方をして、少年時代に夏休みだの冬休みだの言って、おじいちゃんおばあちゃんのところへ帰る子がうらやましかったとよく言いますよね。

もちろんぼくにとってのふるさとというのは、そういう意味もないとは言えないけど、むしろふるさとというのは、ぼくに対していつも姿勢を正してくれるような存在だったらいいね。つまり器を守れということかな。ぼくがそう思ってるのかもしれないね。

——ふるさとというのは、ただ懐かしく、癒してくれるということじゃないんですね？

ものを描いてるというのは、ただそれだけじゃすまされないものがありますからね。ここにはここの本質的なものがあるわけですから、それはいいこともあり、醜いこともあるわけですね。そういうことも含めて、ぼくはかなりふるさとというのをシビアに見てるほうで、単に心を癒してくれる存在であると言うだけではあまりにも表現が足りない。

だから、そういう意味では心の支えであるんだね。やっぱり器に戻れる場所というか、少年時代のことを思い出すと、その気持ちは顕著に出てくる。心が洗われるものがありますからね。

――本当の自分みたいなものが見えてくるということですか?

そうですね。まっさらな、素っ裸の自分が見えてくる。そういうときに、今まで世の中でつけてきた知恵だとか、ズルさだとか、あるいは垢《あか》だとか錆《さび》だとか、そういうものを払い落とすいいシャワールームのような気がします。

――東京では「矢口先生」だけど、ここへ帰ってくれば変わるわけですよね?

村人たちは別に「先生」なんて呼びません。「高雄、高雄」と呼んでくれます。やっぱり、一個の人間として見てくれるわけで、これは嬉しいですよね。ぼくの場合は、まだおふくろという頭の上がらない人が住んでいますので、ふるさとというのは、おふくろなのかもしれないけどね。

おふくろの前ではいつでも息子であり、それでちょっとヘマをやれば小言《こごと》を言ってくれる人だしね。最後にはそういうところへいくのかな？　今、おふくろが八三歳で、だれが見たって余命的にはそんなに長いとは言えない。ぼくみたいな人間は、おふくろが死んだら、どれだけダメージとかショックとかが大きいんだろうな、なんて今から自分を想像してるんですけどね。そういう覚悟をしておけば意外とショックは柔らかいのかもしれないけど、立ち直れないぐらいの落ち込みをするんじゃないかな、なんて思うこともありますね。

——矢口さんのふるさとに対する思いが変わっていったように、増田東小六年の七人の子どもたちも、やっぱり変わっていくんでしょうか？

変わっていくね。今まではわずか七人でやっていて、バスケットボールの試合もクラスでできなかったと思うの。たった七人だもん。五人対五人の一〇人でもいれば、なんとかできるんだけども。それが今度中学生になったら、とたんにクラスメイトが五〇人とか一〇〇人とかってできるわけですよ。そうすると、連帯感っていうのがまず生まれてくると思うね。「ぼくも、わたしも同じ町民じゃないか」とか、「同じ日本人じゃないか」っていうような、一つの自信みたいなのを持ってくると思うんだね。

ぼくが初めてそんな自信を持てたのは、ぼくが小学校四年生のときに図画コンクールがあって、他校に初めて行って、各校の生徒たちといっしょに同じ課題に向かって絵を描いたときに、おれがいちばん早くできていちばんうまいということを自覚したときだったからね。

　そういうことはとっても大きいですよね。もちろん、東小学校の子どもたちも裏にスキー場があるので、スキーの大会なんかをやると、やっぱり上位入賞する子どもたちが多い。場数を踏んでるから。そりゃあ、本人にとってどれほど自信につながるかということですよね。

　そういう対外試合みたいなことをやって勇気づいていくっていうことが、人間の飛躍の一つのきっかけであるわけでね。それが今度増田中学校の生徒になり、大勢のクラスメイトができて、やがて高校へ行ったり大学へ行ったりしながら、これからさまざまに世界が広がっていく。七人の子どもたちの中にも、大人になって東京に就職するという人も必ずいるはずなの。

　そうなってくれれば、ふるさとが本当に落ち着けるところであるのか、どこがいちばん落ち着く自分の心のふるさとであるのかっていうことが、しだいに変わってくるだろう。これは外国旅行なんかしてみるとまた違うしね。もちろん国内旅行でもそうですよね。

　北海道に行ってみたり佐渡島に行ってみたり九州に行ってみたり沖縄に行ってみたりして、いろんな土地の人たちと話してみれば、みんなの考えてること、悩んでることや求めてることが、だいたい同じなんだよね。同じだってわかるっていうことがね、大きな飛躍なんだね。それからあとは、そのことで悩むことはまずなくなるわけだし。

アメリカに行ったって、フランスに行ったって、中国に行ったって、台湾に行ったって、やっぱりみんな同じことで悩み、みんな同じことを求めているっていうことがわかってくるしね。

――もうすぐ中学生になるので、今七人が七人とも、すごく不安みたいです。

「今、不安だ」なんていうのは、その不安感が非常に早く巡ってきて、いいじゃないですか。今なんか、大学生になったって不安がって、何をやりたいのかわからないから、とりあえず大学に行って時間稼ぎをしているなんていう若い人がゴロゴロいますからね。親のスネかじって。そういうのを見ると、ぼくたちの時代には、貧しかった、不自由だったっていうことから、目の前に打開しなければならない現実というのが確固たるものとしてあった。

例えば、親父やおふくろのきつい重労働の後ろ姿を見ているために、早く大人になってお母さんを楽にしてあげたいというような思いを持つ。そうすると、まずは貧困と重労働から抜け出すことが、第一の目標になってくるわけです。ぼくらの時代はそうなんですよね。今の子どもたちは、適当に豊かだから、差し迫った目標、目的っていうのがないのでね。だから悩むんですよ。

小学校四年生のときに先生が、大人になったら何の職業になりたいかとクラスで聞いたら、男の子はほとんどがトラックの運転手って、手をあげましたよ。当時はあの地域はトラックがほとんど入ってこなかったんですね。それが、戦後の関東方面の戦災復興のために復興材として村の杉林が全部ハゲ山にされるぐらい伐り倒された。その材木を運ぶためのトラックがおびただしく連日入ってくるようになって、トラックの運転手っていうものになりたかったんだなあ。

今の子どもたちは自動車の運転免許を取ることは、ごく当たり前だと思うけれども、ぼくらの時代は、自動車を運転できる人っていうのはどんな人なんだろう、というすごい距離感を持っていたから、大きくなったらトラックの運転手になりたいっていう夢を持ったんだね。今の子どもたちは3ナンバーの乗用車に乗りたいぐらいの夢じゃないですか。左ハンドルの。(笑い)

——矢口さんが子どものころは、小学生にして既に貧しさから抜け出したいっていう思いがあったのですね。

そうです。それから、弟が、ちょっとした病気がもとで死んでいく例がありました。それも、家が貧しいばっかりに医者にもろくにかかれずに、死にゆく自分の肉親の状態っていうのをつぶさに見て育った世代ですのでね。

ことさらやっぱり、貧困と重労働っていうものは、目前で打開しなきゃならないテーマだった。やっぱりそんな時代に育った人たちっていうのは、それなりの土性骨《どしょうぼね》がありますよね。

今は、ぼくらの時代の打開しなければならないことが、おそらく形を変えた何かなんだろうね。今の子だって、同じ人間だし、同じ日本人だから、土性骨みたいなものもあって、そんなに違うことはないと思う。それがただ、選択肢が多すぎちゃって、見つけるのが難しいと言って悩んでるんだと思うのね。

ぼくらのころは、長男は家督《かとく》を継ぐものであるとか、先生や先輩は尊敬しなければならないなどという価値観が日常生活の中で頑《がん》としてありましたからね。学校では民主主義教育を受けるんだけれども、戦前の価値観がだいぶ残ってる時代でしたのでね。


――七人の子どもたちの中で、ここに残る子は何人いるんでしょうかね？


そういう話を彼らにしたら、大半はここにいるっていうようなことを今は言ってるよ。これはぼくはにわかには信用してないね。やっぱりこれからじゃない。まだ六年生だから、親の庇《ひ》護《ご》のもとにあって、それでそんなに過酷なことをやらされてるわけでもないし、やっぱり人生経験というものはまだ非常に少ないわけです。

これからですよ。中学に行って、高校に行って、さまざまな試練に向かっていくわけだし、そして自分の身の程というのを知りますよね。それでどんどん自分がどれ程のものであるかという自分の器が、しだいに歳を重ねていくほどに鮮明になっていくわけ。そうなったときに自分がこのふるさとにいるべきかどうか、あるいはもっともっと大海に夢をたくしていくべきかという選択肢が生まれてくると思うんです。

この村のほとんどは農家だけど、農家一戸あたりの平均耕作面積なんて、とてもじゃないけど米作一本で食っていけるところはないんですね。旦那が役場に勤めたり、農協に勤めたりしながら、そういう収入を得ないとやっていけないわけですよ。

つまり、ここでは農業一本では成り立たないという現実がある。ぼくが高校生のときに就職の道を選んだり、あるいはマンガ家を目指したりなどということを考えたとき、ぼくは長男の一人息子だから、昔の価値観でいえば家督を相続して、本当はこの村で農業で後を継がなければならない身柄だったわけですよ。

でも高校生のうちに、この家を継いだところで大きな夢はない、農業一本で食えていた家ではないということを早くに察知していたということです。ですから別の道を模索していたということもあるんです。

もちろん小学校三年のときに手塚治虫にシビレちゃって、将来は手塚治虫になるんだという大きな夢があったことは事実です。

これから段階を経て成長していって、そして世の中というものや、あるいは自分のポジションみたいなことがわかってくる。自分というものがどれだけのものか。つまり、自分の器だね。そういうものが自覚できたときに、やっぱり決定するんじゃないかしら。

——今回の授業は子どもたちにどう受け止められたでしょうか?

ぼくはかなり伝えられたように思います。ただ、ぼくが思っていること、あるいはやりたかったこと、言いたかったこととというのは、案外自分の少年時代をオーバーラップさせながら言ってるのだけれども、それを今の人たちに当てはめてみればこういうことだな、ということで理解してるとぼくは思ってるんだけどね。

「道草」というコンセプトだったんだけれど、これってやっぱり楽しいですからね。みんなけっこう楽しそうだったね。でも、ぼくらのような冒険心はなくなってる。

——先生の「器」という話を、子どもたちはわかったと思いますか?

今はわからないと思うね。でも、だれでも言うように、あるいは小説なんかでも、ドラマでも映画でも言うように、「人生は自分発見の旅だ」などと言うような言葉で表現されますよね。これは哲学的な言葉のように見えて、そのとおりだと思う。つまり自分の器を知るということは、自分とは何者かということを見つけることと繋がっていると思いますね。
あの子どもたちはわずか七人のクラスだけれども、これからは大勢のクラスメイトができて戸惑うだろうし不安感もあるだろうけど、でもそんなのは初めの一日だろうね。二日目からは学校に行くのが楽しくて、今まで知らなかった友だちができるわけだから、そういう人たちと語りあうことが楽しくなるはずです。
ぼくが中学一年のときには、向こうの大きい学校と統合されたんで、ぼくたちの中学校の三倍ぐらい向こうの方が人数が多かった。そういう中に加えさせていただいて楽しかったですよ。そうすると土曜とか日曜になると、自転車を漕いで遊びに来るようになるんです。交流するようになるんですね。

――あの七人の子どもたちはこれから自分発見の旅を続けていくのでしょうか？

そうですね。ぼくから言えば道草なんだけどね。道草は今日で終わったわけではない。これからますます続くんだよ、ということ。ぼくにしてもそうだけどね。

――矢口先生の道草も続いてるんですか？

まだしてるね。まだしてるし、まだ迷うこともある。このごろはかなり怖くなくなった部分もあるけどね。やっぱり、還暦を過ぎるとそういう気持ちはわかります。世の中では還暦過ぎればほとんど定年ですからね。そうすると怖いものがないぐらい土性骨がすわってきますよね。

——前は何が怖かったんですか？

やっぱり手塚治虫や石森章太郎という大ベテランがいるわけ。それでそのおじさんたちは元気だったの。やっぱりそういう人たちの前では素直に謙虚に尊敬していたわけです。それが今は自分がいちばんてっぺんになりつつありますからね。それだけ責任ある態度はとらなければならないでしょう。後ろから後輩たちがみんな見ているわけだから。怖くなったっていうのはそういう意味なんだけど。だけど、同時にすごく楽しくなったね。

——怖いものもなくなった矢口さんを戒めるのが、ふるさとだということですね？

そうですね。例えば四〇歳ぐらいまでは、自分がそんなに歳だって感じないでいる。四〇歳を過ぎると、とたんに何か年齢を感じるところがある。人生八〇年だとすると、四〇歳ぐらいがマラソンでいう折り返し点なわけ。すると、折り返し点を回ると遅れてきたやつと対面する形になるでしょ。「あいつ、まだあんなところにいる」というように見ることもできるし、「あんなところからえらい若手の元気なやつが追いかけてくるぜ」ということも見えるようになるんだね。

そういうところが、やや折り返して、けっこういいところまでやってこられたから、怖いことがなくなったということの表現になるかもしれないし、あるいは楽しくなったのかもしれない。ここまで来れるんだったら来てみろ、というぐらいの気持ちで対面してくるランナーを見るようになったということかな。

——矢口先生が見てきた狙半内の豊かさと貧しさとは？

日本のどこへ行ってもそういうことはあるんですけれども、かつては村人たちの心がかなり貧しかったです。それがこのごろ、経済的に豊かになったということもあるけれど、かなり心も豊かになってますね。そういうことは感じます。

近くの神様より遠くの神様がありがたいということわざがあるんだけれど、この村に限ったことではないけど、自分の身近な人間の成功を喜ばないというのが日本人の基本にあるんじゃないかしら。そのことが遠くの神様がありがたくなるわけですね。かつてはそれが非常に色濃くありました。人の成功を素直に喜べない村人の心がありました。今はそこがかなりなくなったんじゃないですか。それだけ変わったということですよ。

——何がいちばん変わったんでしょう？

これはやっぱりテレビの影響じゃないかしら。ドラマ一つを見ても、ニュースを見ても、ワイドショーを見ても、価値観というものをわりと示してくれます。その価値観というものは何かといえば、何が正しくて何が間違いか。何が美しくて何が醜いかという基準値です。かつての村人たちは井の中の蛙だったから、それがわからなかったわけですね。今はすごく価値観が多様化していることを受け入れるゆとりが村人たちに生まれてきていますよね。

ぼくが郷土愛を素直に唱えてないみたいな感じにとられるかもしれないけど、ふるさとにも悪いところがいっぱいあるの。

だからぼくが『おらが村』を描いたときの気持ちというのは、あれだけダサイの汚いのキツイのなんて小ばかにされてきた百姓たちの明日の幸せを願ってこんなに一生懸命やってるんだと言って、東京あたりの百姓をばかにする人たちにメッセージしたかったことが一つね。

しかし、その中であれを読むおらが村の人たちに対しても、おらが村のいけない点というのはいっぱい描いてるわけ。そんな迷信みたいな、どうしようもないようなことにこだわったりしているっていうようなこととかね。だから、本当にふるさとに対しては愛憎半ばしてあまりあるぐらいの思いがぼくはありますね。

でも、ぼく自身がふるさとを心の支えにしているぐらいですから、その心の支えというのはふるさとが支えてくれているのではなくて、ぼくがうまいことコントロールしてるのかもしれないけど。それでコントロールさせているものは何かといったら、少年時代からの深い愛着心。

ふるさとの山や川に対する思い出とかそういうものでね。そこで育まれた一人の人間ですからね。

——そこにすっ裸の自分がいるって感じですか?

そうですね、本当に。ここにくれば、心が洗われるような、真っ当な考えを持てるような自分になるということですね。ぼくの場合はそういうふうに自分で言い聞かせて、ふるさとを見つめ続けてるということですよ。

(本書全文のインタビュー:正岡裕之)

〈番組名〉ふるさとって何ですか
ＮＨＫ「課外授業 ようこそ先輩」制作グループ

制作統括	土谷 雅幸　高瀬 雅之
プロデューサー	田嶋 敦
演出	正岡 裕之
構成	渡辺 渡
ナレーション	川原 亜矢子
撮影	夏海 光造　馬場 浩子
音声	石井 有生　渡邊 勝重
技術	土山 裕美　菊地 一之
音響効果	金田 智子
編集	影山 正美
取材	小林 ひろ子　雪丸 純子
共同制作	ＮＨＫ ＮＨＫエンタープライズ21 東京ビデオセンター

本書は、上記NHK総合テレビ放送番組とその取材ビデオをもとに再構成しました。

装丁／桂川潤